Aus Freude am Lesen

btb

Buch
Ende 1886 notiert Julius Maggi, Betreiber einer Mühle und seit Jahren mit Experimenten für gesunde Fertigkost befasst, das Rezept für einen Bouillon-Extrakt. Dieses Rezept blieb bis heute unverändert, ist streng geheim und wurde als Maggi-Würze weltberühmt. Alex Capus folgt Julius Maggi von den Anfängen als unermüdlich arbeitender Unternehmer bis zu seinem kurzen Lebensabend in den Armen einer schönen Pariserin. Er erzählt, wie aus dem Frankfurter Heinrich Nestle der Schweizer Henri Nestlé wurde und was ein Paar Pariser Damenstiefelchen, die Carl Franz Bally 1850 seiner Frau von einer Geschäftsreise mitbrachte, mit dem Bau der weltweit größten Schuhfabrik zu tun hat. Alex Capus erweist sich auch in diesen pointierten Lebensgeschichten als glänzender Erzähler. Er schildert hintersinnig, humorvoll und anschaulich persönliche und gesellschaftliche Bedingungen, unternehmerische und menschliche Abenteuern. Es entsteht das Panorama einer Epoche, in der Freiheit, Neugier und Mut über Unfreiheit und Kleinmut triumphierten.

Autor
Alex Capus, geboren 1961 in Frankreich, studierte Geschichte und Philosophie in Basel und lebt heute als Schriftsteller in Olten. Bisher veröffentlichte er neun Bücher, die alle von der Kritik hoch gelobt wurden. Zuletzt erschien im Knaus Verlag »Eine Frage der Zeit«.

Besuchen Sie auch die Website des Autors:
www.alexcapus.de

Alex Capus bei btb
Reisen im Licht der Sterne (73659)

Alex Capus

Patriarchen

Zehn Portraits

btb

Der Verlag dankt allen Firmen für die zur Verfügung gestellten Abbildungen.

FSC
Mix
Produktgruppe aus vorbildlich
bewirtschafteten Wäldern und
anderen kontrollierten Herkünften
Zert.-Nr. GFA-COC-1223
www.fsc.org
© 1996 Forest Stewardship Council

Verlagsgruppe Random House FSC-DEU-100
Das für dieses Buch verwendete FSC-zertifizierte Papier *Munken Print*
liefert Arctic Paper Munkedals AB, Schweden.

1. Auflage
Genehmigte Taschenbuchausgabe Juni 2008, btb Verlag
in der Verlagsgruppe Random House GmbH, München
Copyright © der Originalausgabe 2006 Albrecht Knaus Verlag,
München, in der Verlagsgruppe Random House GmbH
Umschlaggestaltung: Design Team München
Umschlagfoto: Gergor Schuster / zefa / Corbis
Satz: Greiner & Reichel, Köln
Druck und Einband: CPI – Clausen & Bosse, Leck
KR · Herstellung: BB
Printed in Germany
ISBN 978-3-442-73752-9

www.btb-verlag.de

Inhalt

Vorwort
Seite 9

Rudolf Lindt
Seite 17

Wie der schöne Berner Patriziersohn Rudolf Lindt übers Wochenende mit Kakao hantierte, um bei den jungen Damen Eindruck zu schinden, und wie er dabei versehentlich die beste Schokolade der Welt erfand.

Carl Franz Bally
Seite 33

Wie Carl Franz Bally in Paris seiner Frau gleich zwölf Paar schicke Stiefelchen kaufte, weil er ihre Schuhgröße vergessen hatte, und wie er nach der Heimkehr die größte Schuhfabrik der Welt begründete.

Julius Maggi
Seite 51

Wie der Italiener Michele Maggi in der Schweiz stolzer Besitzer einer Müllerei wurde und wie dessen Sohn Julius mit dem Maggi-Würfel die Essgewohnheiten der Menschheit revolutionierte.

Antoine Le Coultre
Seite 69

Wie der eigenbrötlerische Uhrmacher Antoine Le Coultre im Waadtländer Jura die schönsten und präzisesten Zahnräder herstellte und wie dank ihm die Schweizer Uhrenindustrie ihren Aufstieg nahm.

Henri Nestlé
Seite 85

Wie die kinderlose Apothekergattin Clementine Nestlé eine übersteigerte Zuneigung zu den schlecht ernährten Proletarierkindern fasste und wie Ehemann Henri Nestlé ihr zuliebe das Milchpulver erfand.

Johann Jacob Leu
Seite 99

Wie das zwinglianisch-strenggläubige Zürich im Geldreichtum zu ersticken drohte und wie Säckelmeister Johann Jacob Leu das Problem löste, indem er die erste moderne Bank der Schweiz begründete.

Fritz Hoffmann-La Roche
Seite 115

Wie der Basler Apotheker Fritz Hoffmann-La Roche einen gänzlich wirkungslosen, aber wohlschmeckenden Hustensaft erfand und wie daraus der größte Pharmakonzern der Welt entstand.

Charles Brown und Walter Boveri
Seite 133

Wie Charles Brown und Walter Boveri das elektrische Licht in die Welt hinaustrugen und wie die Freundschaft zwischen dem Genie und dem Kaufmann nach zwanzig Jahren in die Brüche ging.

Walter Gerber
Seite 153

Wie der Käsehändler Walter Gerber dem Schweizer Käse die Tropenkrankheit auszutreiben versuchte und wie ihm der schlaue Amerikaner James Louis Kraft das Produktionsgeheimnis des Schmelzkäses entriss.

Emil Bührle
Seite 169

Wie der empfindsame Kunststudent Emil Bührle sich im Weltkrieg zum harten und unnahbaren Mann wandelte und wie er nach dem Friedensschluss von Versailles zu Hitlers tüchtigstem Waffenschmied wurde.

Anhang
Seite 187

Vorwort

Meine Mutter war Grundschullehrerin – eine tüchtige, fleißige und strenge Schulmeisterin, die ihre Schüler nach Kräften förderte und viel von ihnen forderte. In den Jahren, da ich selbst Grundschüler war, geschah es oft, dass ich eine Stunde oder zwei vor ihr Schulschluss hatte. Dann saß ich in ihrem Klassenzimmer ganz hinten in einer leeren Bank, las *Lederstrumpf* und *Winnetou* und wartete, bis wir zusammen heimgehen konnten. Sie war damals eine temperamentvolle junge Frau, die ihren Schülern gern aus dem Stegreif Geschichten erzählte und sie zum Lachen brachte. Sie hatte eine Schwäche für die Schwachen; ihre Lieblingsschüler waren oft jene, denen die Siebnerreihe beim besten Willen nicht in den Schädel wollte. Gegenüber den Vorlauten und Frechen aber verlor sie rasch die Geduld und konnte ziemlich laut werden; warfen die Jungs aus der hintersten Reihe Papierkügelchen, so erwiderte sie das Feuer mit Schwämmen und Kreidestücken.

Wenn sie «meine Kinder» sagte, meinte sie nicht meinen Bruder und mich, sondern ihre Schüler. Ich bin mir sicher, dass sie «ihre Kinder» liebte und glücklich war, ihnen Lesen und Schreiben beizubringen. Ob sie aber auch ihren Beruf liebte – ob sie wirklich mit Leib und Seele Lehrerin war –, bezweifle ich. Ich neige eher zu der Annahme, dass das aufgeweckte Landmädchen, das sie kurz nach dem Zweiten Weltkrieg war, letztlich keine andere Wahl hatte, als Lehrerin zu werden. Gewiss hat sie das Schulamt freiwillig angetreten, und bestimmt hat niemand sie zu den vierzig Dienstjahren gezwungen, die sie mit soldatischer Disziplin absolvierte. Aber eines weiß ich ebenso sicher: Wirklich bei sich selbst war sie während der ganzen Zeit ihres Erwerbslebens nie. Bei sich selbst war sie nicht als Lehrerin, auch nicht als Ehefrau und nicht als Mutter – sondern als Musikerin. Meine Mutter war und ist eine große Musikerin. Nie habe ich sie so konzentriert, so stark und selbstbewusst erlebt wie zu Hause am Klavier oder in der Kirche an der Orgel. Sie spielt Bach und Haydn mit großer Autorität, stolz und unduldsam gegenüber den eigenen, seltenen Schwächen. Und wenn sie ans Ende gelangt und den Tastaturdeckel schließt, ist sie stets froh und entspannt wie sonst nie. Ich bin mir sicher, dass sie eine gefeierte Pianistin hätte werden können, die Konzerte auf allen fünf Kontinenten gab. Dass es nicht so weit kam, lag an den Irrungen und Wirrungen des Lebens – an ihrer Herkunft und einem Mangel an Mut, der häufig den Begabtesten eigen ist; es lag an der Liebe und den Früchten, die diese tragen sollte, und es lag am Brotpreis und an der Wohnungsnot und der unerfreulichen Tatsache, dass man Geld braucht, wenn man leben will; vielleicht lag es auch am Zeitgeist ihrer jungen Jahre, dessen Helden weder Bach noch Haydn, sondern Elvis Presley, Roger Vadim und Brigitte Bardot waren; möglicherweise lag es sogar ein wenig an jenem schwarzen Renault Heck, den sie sich von ihrem Lehrerinnenlohn kaufte und der ihr zu zahlreichen kleinen Fluchten verhalf. Was weiß ich. Jedenfalls lebte und lebt sie ihr Leben in Würde; und nirgends steht geschrieben, dass es ein glücklicheres, erfüllteres Leben gewesen wäre, wenn sie ihrer wahren Bestimmung hätte folgen können.

Ich bin mir nicht sicher, ob jeder Mensch seine Bestimmung hat, und noch weniger, ob es wirklich wünschenswert ist, dass jedermann – also auch jedes Scheusal – dieser auch folgt. Aber ich weiß, dass es Menschen gibt, deren Existenz sich an einem großen Gedanken, an einer Idee kristallisiert – und die dann alles daransetzen, beispielsweise die Sklaverei in Afrika abzuschaffen, die Welt in ihrer Ganzheit zu vermessen oder den Kosmos in seinen tiefsten Tiefen zu erfassen. Oder Damenstrümpfe ohne Laufmaschen zu erfinden. Solche Menschen sollte man nicht heiraten, denn sie lassen unter keinen Umständen von ihrem Ziel ab und fordern von sich selbst und ihren Nächsten große Opfer. Aber bewundern darf man sie – die Wunderkinder genauso wie die weniger Begabten, die den Fallstricken des Lebens trotzen und irgendwann den Mut zur großen, unerhörten Tat aufbringen. Es ist lehrreich und tröstlich, am Leben von Menschen teilzuhaben, die zumindest zeitweise ganz bei sich selbst sind. Und weil die unerhörte Tat der Kern jeder guten Geschichte ist, kann ich mir kein größeres Vergnügen vorstellen, als rückblickend nach deren Ursprung zu forschen.

Wie kam der Apotheker Henri Nestlé dazu, sein Milchpulver zu erfinden? Was bewog den Hosenträgerfabrikanten Carl Franz Bally, im ländlich abgeschiedenen Schönenwerd die erste und größte Schuhfabrik der Welt zu gründen? Weshalb erfand Julius Maggi den Suppenwürfel? In welchem Augenblick sprang bei Rudolf Lindt der zündende Funke? Wann und wo kristallisierte sich bei Fritz Hoffmann-La Roche die Idee heraus, aus der ein internationaler Konzern entstand?

Es sind zehn Patriarchen, die ich hier portraitiere. Jeder von ihnen hatte eine Idee, jeder hat eine Entdeckung gemacht, dank der er vom Pionier zum weltweit erfolgreichen Unternehmer wurde. Ich habe sie ausgewählt nach zahlreichen Kriterien, die alle gänzlich meiner Willkür unterworfen waren. Genauso gut hätte ich mich für zehn andere oder nochmal für zehn andere Namen entscheiden können, habe diese auch ernsthaft erwogen, dann jedoch aus unterschiedlichen Gründen verworfen. Trotz allem Suchen aber fand sich nie der Name einer Frau. Es waren, soweit ich es überblicke, immer Männer, und fast immer Männer des 19. Jahrhunderts, welche die Flaggschiffe der heutigen Ökonomie vom Stapel ließen. Die Gründerzeit war eine ausgesprochen patriarchalische Epoche, die den Frauen ökonomisch nur zwei mögliche Rollen zudachte – jene der proletarischen Arbeitssklavin oder die der gutbürgerlichen Braut mit opulenter Mitgift. Tatsächlich wäre die Mehrheit der hier vorgestellten Unternehmen ohne das Geld der Schwiegerväter kaum über die Gründungsphase hinaus gediehen; und was die übrigen vier Patriarchen betrifft, so waren sie auf das Geld der Ehefrauen nicht angewiesen, weil sie selber welches besaßen. Die klassische Tellerwäscherkarriere, so scheint es, führte im alten Europa nur selten bis ganz an die Spitze der ökonomischen Nahrungspyramide.

Vergleicht man die zehn Männer miteinander, so fallen einem viele Gemeinsamkeiten ins Auge: Alle verfügten sie über unglaublichen Schaffensdrang, Originalität des Denkens, unternehmerischen und politischen Weitblick sowie den unbedingten Willen, ihre Ziele durchzusetzen – wenn nötig, auch skrupellos und ohne Rücksicht. Viele waren Einwanderer, manche in erster, viele in dritter oder vierter

Generation; gut möglich, dass das Gefühl der Fremdheit einem eigenständigen Lebensweg förderlich war. Sie umsorgten ihre Arbeiter mit paternalistischer Güte, bekämpften aber die Gewerkschaften bis aufs Messer; darin waren sie Söhne ihrer Zeit. Die meisten entwickelten mit zunehmendem Wohlstand Sinn für die angenehmen Seiten des Lebens und die schönen Künste. Jeder Einzelne von ihnen aber war unablässig getrieben von seiner Idee, die er rastlos weiterverfolgte, tagsüber im Büro und nachts in seiner Tüftelbude. Gemeinsam ist den zehn Patriarchen auch, dass sich ihre Schaffenskraft irgendwann zwischen dem fünfzigsten und sechzigsten Lebensjahr erschöpfte. Dann entglitt den befehlsgewohnten Männern ihr zu groß gewordenes Lebenswerk, worauf sie schwermütig wurden und viel zu jung starben. Nur einer von ihnen – der Protestant und Bankier Johann Jacob Leu – trieb sein Werk mit demütigem Arbeitsethos weiter bis ins hohe Alter. Und nur einer – der Katholik Henri Nestlé – verkaufte die Firma frohen Mutes rechtzeitig, um den Lebensabend als schwerreicher Mann am Genfersee in lichtdurchfluteten Villen und sechsspännigen Kutschen zu genießen.

Eine letzte Gemeinsamkeit teilen viele Patriarchen über den Tod hinaus, nämlich die Buddenbrooks-Karriere ihrer Nachfolger. Oft traten die Söhne in die großen Fußstapfen des Gründers, um das Werk fortzuführen und zu erweitern. Ihnen folgten die Enkel, die dank der wohl gefüllten Vorratskammern noch einigermaßen über die Runden kamen. Dann verweigerten die Urenkel die Nachfolge, weshalb die Schwiegersöhne auf den Plan traten und das Unternehmen aus Eigennutz an die Manager verkauften – was allerdings, das muss man zugeben, nicht immer zum Nachteil der Firma geschah.

Ob auch heute eine Gründerzeit ist, in der aus kühnen Ideen große Taten werden können – ich weiß es nicht. Das zu beurteilen ist wohl nur in der Rückschau möglich, denn gute Geschichten müssen vergangen sein, wie Thomas Mann im *Zauberberg* schreibt. Je vergangener, desto besser.

Paris, 21. Januar 2006

Rudolf Lindt

Vermutlich wollte Rudolf Lindt nur ein wenig Schokolade machen, um bei der «Jeunesse dorée» Eindruck zu schinden. Er war ein Dandy, ein hübscher und verwöhnter Sohn vornehmer Berner Bürger und alles andere als ein Kaufmann oder Techniker. Nie hätte der stockkonservative Jüngling sich träumen lassen, dass er mit einem revolutionären Verfahren die beste Schokolade der Welt herstellen würde. Die Konkurrenz lächelte, als er im Sommer 1879 im Berner Mattenquartier zwei brandbeschädigte Fabriken kaufte und dort eine alte Reibmaschine und einen Zylinderröster aufstellte, um nach alter Väter Sitte Kakaofett aus den Bohnen zu pressen, den Rest zu Pulver zu vermahlen und beides unter Beigabe von Zucker zu einer zähen Paste zu verrühren, die man schließlich unter großem Kraftaufwand in Tafelformen presste. Das Resultat war das damals übliche und nach heutigen Maßstäben ungenießbar – eine bittersüße, bröckelige Masse, die im Mund nicht schmolz, sondern sandig zerbröselte.

Die vornehmen Häuser Europas kannten die Kakaobohne, seit der spanische Eroberer Hernando Cortez sie 1528 aus Mexiko mitgebracht hatte. Während in Wien, Paris und Madrid schicke Schokoladestuben entstanden, in denen die feine Gesellschaft an ihrer heißen Schokolade nippte und dazu erlesenes Gebäck knabberte, sorgten in der Schweiz französische und italienische Wanderarbeiter für die Verbreitung des Kakaos. Die fliegenden Cioccolattieri und Chocolatiers zerstießen die Bohnen im Mörser, gaben groben braunen Zucker bei und formten das Gemisch zu einer Wurst, die sie in Scheiben schnitten und auf den Jahrmärkten für ziemlich teures Geld verkauften.

Dieses schlichte Handwerk verschwand, als François-Louis Cailler 1819 in Vevey eine erste, mit Wasserkraft betriebene Schokoladenfabrik gründete, um bessere und billigere Schokolade in großen Mengen herzustellen. 1826 folgte Philipp Suchard in Neuenburg, der die Industrialisierung weiter vorantrieb, dann Kohler 1830 in Lausanne, Sprüngli 1845 in Zürich und Klaus 1856 in Le Locle. Sie alle tüftelten und probten, verfeinerten den bittersüßen Geschmack mit Vanille, Honig oder Rosenwasser und gaben zusätzliches Kakaofett bei, damit die bröckelige Substanz sich zwischen den Zähnen nicht mehr wie trockene Haferflocken anfühlte. Die Erfolge waren beachtlich; Schweizer Schokolade wurde zarter, süßer und feiner und gewann auf internationalen Messen zahlreiche Preise. Als schließlich 1875 Daniel Peter die Milchschokolade erfand, indem er Kondensmilch zur Kakaomischung hinzufügte, hatten die Schweizer Chocolatiers ihren Spitzenplatz auf dem Weltmarkt erobert.

Der Markt war gesättigt und die Konkurrenz groß, als 1879 der vierundzwanzigjährige Rudolf Lindt auf den Plan trat. Er war der älteste Spross einer angesehenen Bernburger Apotheker- und Ärztefamilie, deren Stammvater 1768 aus Hessen eingewandert war. Wer ihn kannte, beschrieb ihn als schönen und feinsinnigen, aber auch hochfahrenden und starrköpfigen jungen Mann. Dass Rudolf Lindt sich in der Jugend als brillanter Student, fleißiger Arbeiter oder furchtloser Abenteurer hervorgetan hätte, ist nicht bekannt. Verbürgt ist lediglich, dass er eine Vorliebe für die Jagd und die schönen Künste hatte und dass er als Achtzehnjähriger zwei Lehrjahre in der Schokoladenfabrik seines Onkels Charles Kohler in Lausanne verbrachte, der ihm zum Abschied dreihundert Franken schenkte. Ob aber Kohler dem Neffen das Geld in Anerkennung der geleisteten Dienste gab oder nur froh war, ihn los zu sein, weiß niemand. Jedenfalls erscheint es kaum vorstellbar, dass der Patriziersohn mit der weißen Stirn, den mädchenhaft vollen Lippen und den hellblauen Augen sich tatsächlich zwei Jahre lang klaglos dem harten Fabrikalltag unterzog.

Um seinem Namen einen weltläufigeren Klang zu geben, nannte der junge Fabrikant sich nicht mehr Rudolf – oder Rüedu, wie man ihn in Bern wohl rief –, sondern «Rodolphe Lindt fils». Das edle Etikett stand in scharfem Kontrast zur schäbigen Fabrik an der Aare, und leider war in den Anfängen auch Lindts Schokolade nicht dazu angetan, die Berner «jeunes filles de famille» in Aufregung zu versetzen. Die altmodische Röstmaschine gab zu wenig Hitze ab, weshalb die Bohnen nicht recht austrockneten und in der Mühle zu einer schmierigen Masse wurden. Presste man diese in Formen, dauerte es ewig, bis sie trocknete – und dann überzog sich das Ganze schon bald mit einem grauen Belag, der stark an Schimmel erinnerte. Rodolphe Lindt war ratlos.

Dass ihm das schimmelige Phänomen derart unerklärlich war, lässt auf eine eher flüchtige Ausbildung in der Fabrik des Onkels schließen. Denn damals wie heute wusste jeder Konditorlehrling, dass es sich bei dem grauen Zeug um so genannten Fettreif handelte – also nicht um

Schimmel, sondern um abgesondertes Fett. Das war zwar ungefährlich, aber unschön anzuschauen und dem Verkauf in höchstem Grade abträglich. In der Not rief Rodolphe seinen Vater herbei, der ihm als Apotheker die Herkunft des Fettreifs erklären konnte. Er riet, das Fett durch verlängertes Rühren im Längsreiber besser mit den übrigen Zutaten zu binden.

Das tat Rodolphe denn auch.

Was dann geschah, ist von Legenden umrankt und nicht mehr zu klären. Manche behaupten, Lindt habe monatelang getüftelt, bis er die Lösung fand; andere sagen, er habe an einem Freitag einfach seine vom Wasserrad betriebene Rührmaschine abzustellen vergessen, bevor er zur Jagd oder einem galanten Abenteuer aufbrach, weshalb die Schokoladenmasse drei Tage und drei Nächte lang ununterbrochen gerührt worden sei. Wie auch immer: Als Rodolphe am Montagmorgen in die Fabrik zurückkehrte, fand er in seinem Bottich eine dunkelsamten glänzende Masse vor, die mit herkömmlicher Schokolade keinerlei Ähnlichkeit mehr hatte. Diese Schokolade musste nicht mühevoll in die Formen hineingepresst werden, sondern ließ sich ganz leicht gießen. Und wenn man sie in den Mund nahm, zerstob sie nicht zu Sand, sondern zerging auf der Zunge und entfaltete eine nie gekannte Fülle köstlicher Aromen.

Rodolphe Lindt wusste sofort, dass er eine große Entdeckung gemacht hatte. Was die anderen herstellten, war vielleicht Schokolade. Dies hier war etwas anderes. Er taufte seine wundersame Kreation «Chocolat fondant» – schmelzende Schokolade. Dass man die Schokolade sehr, sehr lange rühren muss – das war Rodolphe Lindts ganzes Geheimnis. Dass er das zwanzig Jahre lang vor der neugierigen Konkurrenz verheimlichen konnte, ist schon sehr erstaunlich.

Während der tagelangen Bearbeitung im Längsreiber verflüchtigten sich alle unangenehmen Bitterstoffe, das Wasser verdampfte, und die einzelnen Zutaten gingen eine unauflösliche Verbindung ein. Mit diesem Rezept wurde Lindt zum reichen Mann.

Die Welt riss ihm seinen «Chocolat fondant» aus den Händen. Erst machte die Kunde von der neuen Köstlichkeit in Bern die Runde, dann in Zürich, Basel, Lausanne und Genf, und dann in ganz Europa. Nach wenigen Monaten hätte Rodolphe Lindt eine zweite, eine dritte, eine vierte Fabrik in Betrieb nehmen können – aber das wollte er nicht. Lindt weigerte sich, zum modernen Unternehmer zu werden. Er blieb der exzentrische und launische Patrizier, der seine Zeit lieber in eleganten Salons als in der Fabrikhalle verbrachte und für den Arbeit eine niedere Verrichtung war, die es, wenn möglich, zu vermeiden galt. Es war ihm keineswegs daran gelegen, möglichst viel Schokolade zu verkaufen. Wenn seine Fabrik gerade so viel produzierte, wie ihm die Kundschaft aus den Händen riss, war er zufrieden. Es war ihm recht, wenn nicht jeder Dahergelaufene eine Lindt-Schokolade kaufen konnte; sein Produkt sollte Seltenheitswert haben und die Kundschaft umso sehnsüchtiger auf die Lieferung warten, je länger sie ausblieb. Seine treuesten Abnehmerinnen fand Lindt – der übrigens zeitlebens ledig blieb – in den vornehmen Berner und Neuenburger Töchterpensionaten, in denen «les jeunes filles de famille» aus aller Welt den letzten Schliff fürs Leben erhielten.

Schließlich ließ Lindt sich aber doch herbei, ein wenig Kommerz zu betreiben. Er gab seine Schokolade dem Berner Zuckerbäcker Jean Tobler in Kommission, der zwei Handlungsreisende übers Land schickte. Diese kehrten mit dicken Bündeln von Bestellscheinen zurück, und Lindt gewährte Tobler achtzehn Prozent Grossistenrabatt. Das ging fast zehn Jahre gut. Die Nachfrage stieg Jahr um Jahr, die Wartefristen wurden länger und länger, das Geld floss in Strömen – aber Rodolphe Lindt fils war keineswegs gewillt, deswegen mehr Schokolade herzustellen. Statt die Produktionskapazität seines Fabrikleins zu erhöhen, suchte er die Nachfrage zu vermindern, indem er den Grossistenrabatt erst auf dreizehn, dann auf zehn und schließlich auf acht Prozent kürzte. Als Lindt gar den Nerv hatte, den Rabatt auf fünf Prozent herabzusetzen, kündigte Tobler das Abkommen und gründete eine eigene Schokoladenfabrik.

Nun hatte Rodolphe Lindt ein Problem. Zwar war seine Schokolade die beste der Welt, was ihm sogar die Konkurrenz neidvoll attestierte, und die Kundschaft bereit, jeden Preis zu zahlen – aber es gab jetzt niemanden mehr, der für den Patrizier die peinliche Prozedur des Anpreisens, das demütigende Feilschen um den Preis und die niedere Verrichtung des Verkaufens erledigte. Lindt musste sich nach jemandem umsehen, der das für ihn übernahm. Es war nicht so, dass er lange hätte suchen müssen – Ende des 19. Jahrhunderts hätten sämtliche Schokoladeproduzenten der Welt jeden Preis bezahlt, um sich Lindts Schokoladengeheimnis anzueignen. Als ruchbar wurde, dass er einen neuen Partner suche, überboten sich die renommiertesten Chocolatiers mit Anträgen auf Fusion, Beteiligung, Übernahme, Kooperation. Lindt lehnte alle ab. Anfang 1899 aber erhörte er – man weiß nicht, weshalb – den Zürcher Schokoladefabrikanten Johann Rudolf Sprüngli. Am

25. Januar 1899 empfing Lindt einen Zürcher Unterhändler in Bern, am 12. Februar dann schon in Olten, auf halber Strecke zwischen Zürich und Bern. Laut Verwaltungsratsprotokoll vom 14. Februar teilte der schöne Berner Patrizier dem plebejischen Zürcher mit, dass die Nachfrage nach seiner Schokolade «solche Dimensionen angenommen hat, dass er denselben bei weitem nicht mehr zu entsprechen vermag. Da er aber dazu hinneigt, sich selbst etwas zu entlasten, kann er sich nicht entschließen, die natürlich bedingte, unumgänglich nothwendige Erweiterung des Geschäfts ausschließlich sich selbst auf die Schultern zu laden, andrerseits will er aber auch nicht der ruhmreich erworbenen Kundschaft durch Nichtbelieferung der immer größer und zahlreicher werdenden Bestellungen und neuen Anfragen verlustig gehen. Der Zeitpunkt zu einem entscheidenden Schritt ist also gekommen; es würde sich für ihn nur darum handeln, einer der verschiedenen zum Theil ganz glänzenden Kaufsofferten Gehör zu schenken und damit aus dem selbst aufgebauten Geschäft ganz herausgestossen zu werden, oder aber theilweise ein Interesse im Geschäft zu behalten so wie z.B. die proponierte Fusion die Möglichkeit dazu böte.»

Am 16. März 1899 verkaufte Rodolphe Lindt seine Firma an die Chocolat Sprüngli AG zum Preis von 1,5 Millionen Franken – einem Betrag, der nach heutiger Kaufkraft an die dreißig Millionen Franken entspricht. Der Kaufpreis umfasste die Fabrik in der Berner Matte samt allen Einrichtungen, die Kundschaft und die in den verschiedenen Ländern deponierten Marken sowie – vor allem – das Geheimnis. Im Kaufvertrag heißt es: «Sobald die Barzahlung an Rodolphe Lindt geleistet sein wird, teilt derselbe dem Herrn Rudolf Sprüngli, und zwar einstweilen diesem allein, das bisher zur Herstellung der Chocolat Lindt beobachtete Fabrikationsverfahren mit, worauf auch in Zürich mit der Herstellung nach diesem Verfahren begonnen werden kann.»

Mit Lindt und Sprüngli waren die größtmöglichen Gegensätze eine Verbindung eingegangen – der eine ein aristokratischer, dünkelhafter Schöngeist, der andere ein nüchterner, von zwinglianischem Arbeitsethos durchdrungener Kaufmann, dessen Familie sich mit eisernem Fleiß aus bescheidensten Verhältnissen hochgearbeitet hatte. Johann Rudolf Sprünglis Großvater David war als mittelloses Waisenkind aus dem nahen Andelfingen nach Zürich gekommen und hatte vierzig Jahre lang hart gearbeitet und gespart, bis er 1836 die Zuckerbäckerei «Zum Goldenen Ring» kaufen konnte. Sein Sohn Rudolf erstand 1845 eine kleine Röstanlage und eine handbetriebene Reibmaschine und nahm als erster Deutschschweizer die Schokoladeproduktion auf. Die Sprünglis arbeiteten, heirateten und zogen ihre Kinder groß. Die Töchter wurden verheiratet, die Söhne halfen im Unternehmen mit, das von Jahr zu Jahr wuchs. 1849 kam eine Fabrik in Horgen hinzu, 1859 eine elegante Confiserie am Paradeplatz, 1870 eine weitere Fabrik mitten in Zürich. Ab 1879 widmete sich Rudolf Sprüngli mit aufreibendem, aber vergeblichem Eifer der Aufgabe, das Lindt-Geheimnis zu lüften. 1898 schließlich, nur ein Jahr vor der Fusion mit Lindt, wurde die großzügige, schlossähnliche Fabrik in Kilchberg am Zürichsee erbaut, wo die Firma heute noch residiert.

Die arbeitsamen Sprünglis sollten es bitter bereuen, sich mit dem kapriziösen Lindt eingelassen zu haben, der nun mit seinem Bruder August im Verwaltungsrat von «Lindt & Sprüngli» saß und die Leitung der Berner Fabrik beibehielt; zudem hatten sie durchgesetzt, dass ihr Cousin Walter Lindt als Prokurist ins Unternehmen eintrat. Dauernd lagen die starrköpfigen Berner mit den Zürchern im Streit, und besonders Rodolphe Lindt scheint sich sehr schwer mit der ungewohnten Tatsache getan zu haben, dass er nicht mehr alleiniger Herr im Hause war. Erst wollte er nicht zulassen, dass auch in Zürich Lindt-Schokolade hergestellt wurde, dann schickte er nur zögernd und widerwillig einige seiner Längsreibemaschinen an den Zürichsee. Er widersetzte sich den Werbe- und Verkaufsstrategien der Zürcher, überließ ihnen aber sämtliche Reklame- und Personalkosten. Er versuchte die Gründung eines Branchenverbandes der Schweizer Chocolatiers zu verhindern, und als dieser trotzdem zustande kam, hielt er sich nicht an dessen Preisabsprachen.

In Zürich entstand der Eindruck, dass die Brüder Lindt sich in den Kopf gesetzt hatten, Rudolf Sprüngli von der Spitze des Unternehmens zu verdrängen. Als ihnen das nicht gelang, erstellten Rodolphe und August in der Berner Matte kurzerhand eine zweite Lindt-Schokoladenfabrik – nicht im Auftrag der Firma, sondern als ihr privates Eigentum, um sie an Lindt & Sprüngli zu vermieten. Das war zwar sonderbar, aber in Zürich schöpfte man erst Verdacht, als Rodolphe und August Lindt den Mietvertrag kündigten und am 14. Oktober 1905 von all ihren Ämtern bei Lindt & Sprüngli zurücktraten. Dass zur gleichen Zeit die gesamte Führungsetage der Berner Fabrik kündigte, ließ Schlimmes ahnen. Und tatsächlich kam es ein halbes Jahr später zum offenen Skandal, als August und Walter Lindt in ihrer neuen Fabrik auf eigene Rechnung unter der Marke «A. & W. Lindt in Bern» die Schokoladeproduktion nach Rodolphe Lindts Rezeptur aufnahmen.

Die Familie Sprüngli war außer sich vor Entrüstung. Erst hatte Rodolphe Lindt ihnen für teures Geld sein Geheimnis und die Berner Fabrik verkauft, und jetzt begann er am gleichen Ort nach gleichem Rezept und unter praktisch gleicher Marke aufs Neue selbst zu produzieren. Selbstverständlich bestritt Lindt, «an der neuen Firma mit Kapital, Rat oder Tat beteiligt zu sein», aber das glaubte ihm niemand. «Dieser schmachvolle Feldzug war von der vertragsbrüchigen Partei von langer Hand vorbereitet», schrieb Sprüngli im Geschäftsbericht vom 30. August 1906. «Wir werden den Angreifern mit blanken Waffen gegenübertreten.»

Sprüngli verklagte die Herren Lindt wegen Verstoßes gegen die Konkurrenzklauseln in den Anstellungsverträgen, dann auch die neue Firma und ihre Inhaber wegen unlauteren Wettbewerbs. Im Februar 1909 verurteilte der Appellationshof des Kantons Bern die zwei Brüder und ihren Cousin zu hohen Konventionalstrafen, welche August und Walter vergeblich vor dem Bundesgericht anfochten. Rodolphe Lindt, der vor Gericht eidesstattlich erklärt hatte, dass er mit «A. & W. Lindt» nichts zu tun habe, starb am 20. Februar 1909, wenige Tage nach der Urteilseröffnung, im Alter von erst dreiundfünfzig Jahren.

Lindt – Die Geschichte

600 n. Chr.
Azteken, Mayas und Tolteken in Mittelamerika bereiten mit Kakaobohnen ein nahrhaftes Getränk zu, das sie «Xocolatl» nennen.

1528
Hernando Cortez bringt die Kakaobohne nach Europa, wo sie sich in vornehmen Häusern rasch großer Beliebtheit erfreut.

1819
François-Louis Cailler gründet in Vevey die erste, mit Wasserkraft betriebene Schokoladenfabrik der Schweiz. Es folgen 1826 Philipp Suchard in Neuenburg, 1830 Kohler in Lausanne, 1845 Johann Rudolf Sprüngli in Zürich.

1879
Rodolphe Lindt entdeckt in Bern das Geheimnis seiner Schmelzschokolade, die zum Prüfstein aller modernen Schokoladen wird.

1899
Lindt verkauft sein Produktionsgeheimnis und die Firma an die Zürcher Chocolatiers Sprüngli, sichert aber sich und seinem Bruder August je einen Sitz im Verwaltungsrat.

1900

In den ersten zwanzig Jahren des neuen Jahrhunderts erlebt die Schweizer Schokoladeindustrie eine ungeahnte Blütezeit. 1915 exportiert Lindt & Sprüngli drei Viertel ihrer Produktion in alle Welt.

1905

Rodolphe Lindt tritt von allen Funktionen bei Lindt & Sprüngli zurück. August und Walter Lindt lancieren in Bern eine eigene Lindt-Schokolade, die exakt nach dem an Sprüngli verkauften Rezept gefertigt wird. Sprüngli und Lindt liefern sich einen zweiundzwanzig Jahre langen Rechtsstreit, der erst 1927 mit der Niederlage der Lindts endet.

In der Schweiz wird 1905 pro Kopf und Jahr ein Kilogramm Schokolade konsumiert. 1920 sind es 2,7, 1950 6,2 und 1990 11,3 Kilogramm.

1909

Rodolphe Lindt stirbt am 20. Februar 1909 mit dreiundfünfzig Jahren, wenige Tage nach seiner Verurteilung wegen Übertretung der Konkurrenzklauseln.

1920

Wegen der Wirtschaftskrisen und des weltweiten Protektionismus bricht der Export ein. Die Schweizer Chocolatiers müssen sich auf den einheimischen Markt konzentrieren. Der Zweite Weltkrieg bringt strenge Einfuhrbeschränkungen für Zucker und Kakao, ab 1943 dann die Rationierung.

1927

Der Berner Appellationshof verurteilt die Lindts wegen unlauteren Wettbewerbs zu Schadenersatzzahlungen von 800 000 Franken. Zudem muss auf jeder Tafel deutlich lesbar «Diese Schokolade ist nicht die Original-Lindt-Schokolade» stehen.

Nach einem letzten Gang vor das Bundesgericht kapituliert die Familie Lindt. Sie übergibt die Firma an Lindt & Sprüngli und verpflichtet sich, für alle Zeiten auf die Fabrikation von Schokolade zu verzichten. Dafür muss sie nur noch 382 000 Franken Entschädigung zahlen. August Lindt stirbt wenige Tage nach Abschluss des Vergleichs am 27. Dezember 1927.

1931
Lindt & Sprüngli bringt die «Kirschstengeli» auf den Markt. Sie sind bis heute eines der beliebtesten und wichtigsten Produkte im Sortiment.

1932
In der Weltwirtschaftskrise wird die Fabrik von A. & W. Lindt in der Berner Matte geschlossen, kurz darauf auch die benachbarte alte Produktionsstätte von Rodolphe Lindt. Lindt & Sprüngli gründet zusammen mit der englischen Schokoladefirma Rowntree eine Tochtergesellschaft in England.

1945
Nach dem Krieg explodiert die Nachfrage, erst in der Schweiz, dann in Europa. 1947 gründet Lindt & Sprüngli eine Tochtergesellschaft in Italien, 1950 in Deutschland, 1954 in Frankreich.

1949
Die Lindor-Schokolade wird lanciert. Mit ihrer knackigen Schale aus Schokolade und der feinen Füllung wird sie zum Kassenschlager und Aushängeschild von Lindt & Sprüngli.

1957
ist das Geburtsjahr der «Cresta», ursprünglich mit der gleichen Füllung wie die «Lindor», aber mit Mandelkrokant angereichert.

1961
Die Firma übernimmt die Chocolat Grison in Chur. 1971 kommen die Nährmittel AG in Olten (Banago) und die Schokoladefabrik Gubor in Langenthal hinzu.

1982
Lindt & Sprüngli unternimmt große Anstrengungen, sich auf dem US-Markt durchzusetzen. Die USA sind mit 1,28 Millionen Tonnen produzierter Schokolade pro Jahr mit Abstand der größte Markt der Welt. Die Schweiz folgt nach Deutschland und England erst an zehnter Stelle. 1989 wird eine eigene Fabrik in Stratham (New Hampshire) in Betrieb genommen.

1992
Erstmals verkauft die Firma Schokolade für mehr als eine Milliarde Franken. In Frankreich erzielt sie 373 Millionen Franken Brutto-Umsatz, in Deutschland 341, in Italien 119 Millionen Franken. In der Schweiz erwirtschaftet das Unternehmen mit 174 Millionen Franken nur 15 Prozent des Weltumsatzes.

1994
Lindt & Sprüngli übernimmt den österreichischen Confiseur F. Ludwig Hofbauer. Seither gehören die renommierten «echten Wiener Mozartkugeln» ebenfalls zum Lindt-Sortiment.

2004
erzielt Lindt & Sprüngli mit 6300 Mitarbeitern weltweit einen Umsatz von 2,017 Milliarden Franken mit Fabriken in der Schweiz, Deutschland, Frankreich, Italien, Österreich und den USA sowie Niederlassungen rund um die Welt. Die Schweizer essen mit 11,6 Kilogramm pro Kopf und Jahr weltweit am meisten Schokolade, gefolgt von den Belgiern (10,7 kg), Deutschen (10,5 kg), Österreichern (9,4 kg) und Briten (9,2 kg).

2006

Lindt & Sprüngli setzt mit einer großen Marketingkampagne zur Eroberung der USA, des wichtigsten Schokoladenmarkts überhaupt, an. Der Umsatz soll von 300 Mio. Dollar auf eine halbe Milliarde steigen. Jahr um Jahr werden 20 bis 30 neue Geschmacksrichtungen lanciert.

Carl Franz Bally

Eigentlich wollte Carl Franz Bally im Frühjahr 1850 nur seiner Gattin Cecilie ein Paar schicke Stiefelchen aus Paris mitbringen. Da er aber ihre Schuhgröße nicht kannte, kaufte er gleich ein ganzes Dutzend. Auf der Heimreise in die Schweiz kam er beim Anblick so vieler Schuhe auf die Idee, die größte Schuhfabrik der Welt zu gründen.

Dass er einer der reichsten und einflussreichsten Industriellen seiner Zeit werden sollte, war ihm nicht an der Wiege gesungen worden. Aufgewachsen war er als Sohn einer Einwandererfamilie in einem bitterarmen Bauerndorf namens Schönenwerd, das von einem mittelalterlichen Kloster beherrscht wurde. Sein Großvater Franz Ulrich Bally war im Sommer 1778 als wandernder Maurergeselle aus Österreich nach Aarau gekommen, wo er beim Bau der neuen Seidenbandfabrik Arbeit fand. Als im Herbst die Fabrik fertig war und die Arbeiter in ihre Heimat zurückkehren sollten, behielt Fabrikbesitzer Rudolf Meyer den kräftigen und arbeitsamen Österreicher bei sich. Franz Ulrich Bally kümmerte sich fortan um den Verkauf der Meyerschen Bänder und Merceriewaren, eröffnete bald einen eigenen Laden und baute ein Häuschen im benachbarten Schönenwerd, wo das Bauland billig war. Er heiratete ein einheimisches Mädchen, das ihm vier Söhne und zwei Töchter schenkte, und als es an der Zeit war, übernahm der älteste Sohn Peter den väterlichen Laden. Leider war Peter Bally ein strenger, unfreundlicher Mensch, der in stetem Streit mit seinen Eltern, den fünf Geschwistern und seinen vierzehn Kindern lebte. Er erweiterte den Laden um eine kleine Bandfabrikation. Weil es aber in der Schweiz schon zahlreiche kleine Bandwebereien gab und Peter Bally von seinem bärbeißigen Benehmen auch im Umgang mit Geschäftskunden nicht lassen konnte, drohte dem Geschäft ständig der Konkurs.

Das sollte sich erst ändern, als das elfte seiner Kinder, der spätere Schuhkönig Carl Franz, ins Geschäft einstieg. Er erkannte, dass originelle Produkte leichter verkäuflich sind als gängige, und machte sich auf die Suche nach einer Marktlücke. Gegen den ausdrücklichen Willen des Vaters nahm er 1841 die Fabrikation von elastischen Hosenträgern auf. Schon bald beschäftigte er ein Heer von Bäuerinnen, welche die Hosenträger in Heimarbeit zusammennähten, meist spätabends nach getanem Tagwerk in der guten Stube. Die Geschäfte gingen schlecht und recht, denn es hatte schon vor Bally ziemlich viele Hosenträgerfabrikanten gegeben.

Aber dann kam jene Geschäftsreise nach Paris im Frühjahr 1850. «Ich war in Paris», so berichtet Carl Franz in seinen hinterlassenen Tagebüchern, «zum Einkauf von Schnallen und anderen Gegenständen, die wir für die Hosenträgerfabrikation benötigten. Der Umstand, dass ich meiner Frau ein Paar Bottinen mitzubringen versprochen, für welche ich kein Maß mitgenommen, veranlasste meinen Einkäufer, mich ins Magazin einer Schuhfabrik zu führen, um ein ganzes Dutzend Paar zu kaufen. Ich war erstaunt, Tausende von Paaren aller Art Schuhwaren aufgespeichert zu sehen, welche, wie man mir sagte, ihren

Absatz zum größten Teil in überseeischen Ländern fanden. Ich zahlte für 12 Paar Chausson-Bottinen 72 Franken, nach meinen Begriffen ein billiger Preis. Unwillkürlich stellte ich mir die Frage, ob es nicht möglich sein sollte, auch in Schönenwerd Schuhwaren zu fabrizieren. Der Konsum müsste in der Schweiz ein ganz bedeutender sein! Näherinnen beschäftigten wir ja schon zu Hunderten zum Nähen der Hosenträger; dieselben könnten doch auch Schäfte nähen! Und Arbeiter zum Sohlen ließen sich auch heranbilden!»

Damit hatte Carl Franz Bally seine Marktlücke entdeckt. Auf die Idee, dass man – nach Stoffen und Kleidern – auch Schuhe industriell herstellen könnte, war vor ihm niemand gekommen. Das Schusterhandwerk war der Industrialisierung bisher entgangen; alle Menschen trugen noch handgefertigtes Schuhwerk, sofern sie welches benötigten und es sich auch leisten konnten. Umgehend machte Carl Franz Bally sich ans Werk. Die Schwierigkeit war nur die, dass in Schönenwerd niemand die geringste Kenntnis von der Schuhmacherei hatte, und schon gar nicht von deren industrieller Anfertigung. Trotzdem richtete er mutig im Frühjahr 1851 – Bally war noch keine dreißig Jahre alt – eine Zuschneiderei mit dreißig Arbeitern ein. Maschinen gab es noch keine. Die Schuhe entstanden in herkömmlichem Handwerk, mit dem einzigen Unterschied, dass die Arbeiter die einzelnen Arbeitsschritte untereinander aufteilten. Unter Anleitung eines deutschen Schusters namens Martin Fass, den Bally in Mainz rekrutiert hatte, entstand ein erstes Sortiment Schuhe, mit dem der junge Patron hoffnungsfroh auf Reise in die französische Schweiz ging. Dort stellte sich aber heraus, dass die Schuhe qualitativ mangelhaft und im Zuschnitt zu eng waren

– was seinen Grund darin haben mochte, dass Produktionsleiter Martin Fass in Mainz ausschließlich Kinderschuhe und Galoschen gefertigt hatte. «Nous ne voulons pas de chaussures allemandes!», bekam Carl Franz Bally immer wieder zu hören. Um die Ware schließlich doch noch irgendwie loszuwerden, musste er mehrere hundert Paar Chaussons und Schnürstiefel für fünfzig Centimes pro Paar hergeben.

An dieser Stelle hätte mancher aufgegeben. Carl Franz Bally aber glaubte weiter an seine Marktlücke. Und wie so viele Patriarchen der Gründerzeit war er entschlossen, rücksichtslos sämtliche Hindernisse beiseite zu räumen, die sich ihm in den Weg stellten. Als Erstes ersetzte er seinen unfähigen Produktionsleiter durch einen fähigen und richtete in Bern und Zürich eigene Warenlager ein. In Basel, wo das Gewerbe noch mittelalterlich zünftisch organisiert und der Verkauf von Schuhen ausschließliches Privileg der Zunftmitglieder war, umging er das Gesetz, indem er ein eigenes Lager einrichtete, den Verkauf aber pro forma einer gewissen Witwe Soller überließ. Auch im benachbarten Aarau trickste er die Zünfte aus; da laut den Zunftbestimmungen kein Bally-Arbeiter in der Stadt wohnen durfte, arrangierte er sich mit einem Aarauer Schuster namens Lüscher, dass dieser die Arbeiter zum Schein in seine Dienste nahm.

In den ersten Jahren gingen die Geschäfte schlecht. Es fehlte das Kapital zur Anschaffung von Maschinen. Die Banken wollten Bally keine Kredite geben. Und weil Bally-Schuhe noch weit entfernt waren von der Perfektion, für die sie weltberühmt werden sollten, kam der Verkauf nur schleppend voran. Trotzdem schaffte Bally neues Werkzeug an, wann immer er über Bargeld verfügte, und stellte Personal ein, so viel er konnte – und manchmal sogar mehr. War das Geld knapp, mussten die Arbeiter oft monatelang auf die Bezahlung warten und streckten so ihrem Chef unfreiwillig das Betriebskapital vor.

Der Durchbruch kam nach fünf Jahren: Im Herbst 1857 traf in Schönenwerd ein deutscher Händler ein, der grobes Schuhwerk für Pflanzer und Kolonisten nach Südamerika exportieren wollte. Carl Franz Bally erkannte die Chance. Er kaufte noch mehr Maschinen, stellte noch mehr Arbeiter ein und baute neue Fabrikräume. Das Südamerika-Geschäft entwickelte sich explosionsartig. Ein Jahr später musste eine neue Fabrik gebaut werden, 1860 die nächste, und dann schossen die Bally-Betriebe in weitem Umkreis um Schönenwerd wie Pilze aus dem Boden.

Die Schuhfabriken brachten Wohlstand in die Gegend. Eine Eisenbahn wurde gebaut, welche die einst so abgelegenen Dörfer am Jura mit Zürich und Basel verband. Damit der Verkehr auch auf der Straße zu rollen begann, verlangte Bally vom Staat und den umliegenden Dörfern, dass neben seiner Schuhfabrik eine Brücke über die Aare gebaut werde; bisher waren die Bally-Arbeiter vom anderen Aareufer auf die Fähre angewiesen. Als die Regierung wegen der Kosten zögerte, ließ er sich ins Kantonsparlament wählen und antichambrierte und intrigierte so lange, bis die Regierung klein beigab und direkt vor dem Bally-Hauptportal eine Brücke errichten ließ.

Von nun an machte es sich die Firma zum Grundsatz, auf allen Ebenen der Politik vertreten zu sein. Bally verhalf leitenden Angestellten zur Wahl in die Gemeinderäte der umliegenden Dörfer, wo diese dafür sorgten, dass Ballys Interessen gewahrt blieben. Die Söhne des Patriarchen sahen schon bald als Parlamentarier in der kantonalen Legislative nach dem Rechten. Carl Franz selbst ließ sich 1876 in den Nationalrat wählen – hauptsächlich, um ein schweizerisches Patentgesetz ins Leben zu rufen, denn in der Zwischenzeit hatte Bally einiges an Know-how erarbeitet, das es zu schützen galt. «Ich war früher auch ein Gegner des Patentschutzes», sagte er am Vorabend der Volksabstimmung, «und erklärte, es sei im Interesse der schweizerischen Industrie, alles nachmachen zu können. Ich bin von dieser Meinung vollständig kuriert, denn von Nachmachen habe ich mehr Nachtheil als Erfolg gehabt. Der Nachahmer kommt immer zu spät und muss stets billiger verkaufen. Seit der Zeit, wo wir selbständig neue Artikel ausstellen, ist unsere Industrie grossselbständig geworden.»

Längst war Bally der größte Arbeitgeber weit und breit. Zu Hunderten verließen verarmte Kleinbauern ihre Höfe, um sich in der Schuhfabrik zu verdingen; zu Dutzenden traten gelernte Schuster, Gerber, Mechaniker, Fuhrleute, Kaufleute, Zeichner und Handelsvertreter in Ballys Dienste ein. Da sie alle ein Dach über dem Kopf brauchten, baute Bally ab 1867 Wohnhäuser, die seine Angestellten bei ihm abzahlen konnten: klassizistische Villen für die Führungskräfte, komfortable Zweifamilienhäuser für die höheren Angestellten, einfache, aber hübsche Häuschen mit Gemüsegarten für die Arbeiter. Bei Letzteren geschah der Fehler, dass sie aus Spargründen nicht unterkellert wurden, weshalb sich der Hausschwamm in den Mauern festsetzte. Bally ließ sie alle abreißen und mit Keller neu bauen.

Unaufhaltsam wuchsen Ballys Fabriken. Genauso rasch wuchs, wie überall in Europa, das Heer der rechtlosen Arbeiter, die von ihren Brotherren gerade so viel Lohn erhielten, dass sie nicht verhungerten. Auch in der Schweiz bildeten sich sozialistische Vereine und Parteien, die Gewerkschaften organisierten erste Streiks. Carl Franz Bally hielt sie sich klug vom Leib, indem er ihren Forderungen zuvorkam. Er baute eine eigene Betriebskrankenkasse auf sowie eine Altersvorsorge auf und kümmerte sich um die Wasserversorgung und die Kanalisation. Er gründete Kindergärten, Volksküchen und Altersheime und ließ an der Aare einen Park anlegen, in dem sich seine Arbeiter sonntags erholen konnten.

Trotz aller Wohltätigkeit hatte «Papa Bally», wie er sich gern nennen ließ, im Volk nicht nur Freunde. Im Januar 1864 erhielt er einen anonymen Brief: «Geehrter Herr! Seit Sie die Schuhfabrik gegründet haben, hat mancher Schuhmacher in Aarau & der Umgebung den Verdienst verloren. Es haben sich unser 6 verschworen, Euch zu töten oder Euch alles zu verbrennen. Ich hatte schon längst im Sinne, Euch zu erstechen, denn ich habe fast keinen Verdienst mehr. Im Namen der Verschworenen.»

Carl Franz Bally ließ sich nicht beirren. Weil Schönenwerd und seine Fabrik immer mehr Energie benötigten, beschloss er den Bau eines Aarekanals. «Messungen über das Gefälle konnte ich keine vornehmen lassen», schrieb er ins Tagebuch, «denn man hätte mir zu hohe Landpreise gemacht, wäre mein Projekt bekannt geworden. Ich ging dann mit den Söhnen in den Schachen; wir legten uns der Länge nach auf den Boden und visierten stromaufwärts mit unseren Metern; darüber waren wir einig, dass bis zur ehemaligen Gretzenbacher Wehrung sich ein Gefäll von fünf Fuß ergeben musste. In Wirklichkeit war es auch so.» Zwei Jahre später wurde der Kanal in Betrieb genommen. Das Gefälle betrug 5,2 Fuß.

All das – die Bauten, die Maschinen, die Röhren und Kanäle – kostete viel Geld. Damit dieses Geld wieder in die Kasse zurückfloss, mussten die Maschinen jeden Tag möglichst lange laufen, an möglichst vielen Tagen im Jahr; die Arbeiter wurden zu Arbeitstagen von zwölf und mehr Stunden genötigt. Als die Gewerkschaften zu protestieren begannen, beugte die Firma Bally einem Streik vor, indem sie 1903 als Erste in der Region den Zehnstundentag einführte. Als Anerkennung dafür erwarteten die Bally-Patrone von ihren Arbeitern, dass sie sich von den Gewerkschaften fern hielten. Vor allem Eduard und Arthur, die Söhne des Patriarchen, setzten das Verbot mit eiserner Faust durch: Jeder als Gewerkschafter enttarnte Bally-Arbeiter wurde fristlos entlassen, und die Ballys machten es sich zum persönlichen Anliegen, dass der in Ungnade Gefallene in der Gegend keine Arbeit mehr fand.

Nicht ganz so leichtes Spiel hatte die Firma Bally mit der katholischen Kirche, die sich Carl Franz schon in jungen Jahren zur Feindin gemacht hatte. Er war ein aufgeklärter Liberaler, hatte als erster Schönenwerder überhaupt eine Protestantin geheiratet, und er weigerte sich, seine Kinder zur Beichte zu schicken. Schwerer noch wog, dass er seine Arbeiter an kirchlichen Feiertagen zur Arbeit rief. «Es existiert ein neumodischer Bischof in Schönenwerd», höhnte Pfarrer Christian Wetterwald am 10. Januar 1864 von der Kanzel. «Der zwingt euch, an hochheiligen Tagen zu arbeiten. Als er euren Lohn herabsetzen wollte, habt ihr fest zusammengehalten, aber jetzt, wo es um die Ehre Gottes geht, wollt ihr gehorchen? Ja, werdet ihr sagen, der Herr Pfarrer kann schon reden, er gibt uns nichts, wir aber brauchen unseren Verdienst. Oh!, meine Lieben, der Himmel ist reich genug, er wird euch auf eine andere Weise zu entschädigen wissen. Nicht genug, dass euer Arbeitsherr seinem Glauben untreu geworden ist, jetzt will er auch noch euch Arbeiter verführen und von eurem Glauben abtrünnig machen.»

Anderntags verklagte Pfarrer Wetterwald Carl Franz Bally wegen Feiertagsentheiligung. Bally seinerseits setzte alles daran, die Macht der verhassten Pfaffen in Schönenwerd zu brechen. Er war maßgeblich daran beteiligt, dass das Kloster aufgehoben und dessen Besitz verstaatlicht wurde. Und um seinen in der großen Mehrheit katholischen Arbeitern eine neue religiöse Heimat zu geben, begründete er zusammen mit anderen Bürgerlichen und Industriellen die christkatholische Kirche – welche natürlich erheblich weniger arbeitsfreie Feiertage kannte als die römisch-katholische.

Eines jedoch hatte sich in den ersten zwanzig Bally-Jahren nicht verändert: Noch immer wurden die Schuhe hauptsächlich in Handarbeit gefertigt, Maschinen kamen nur wenige zum Einsatz. 1870 aber unternahm Carl Franz Ballys ältester Sohn Eduard, gerade dreiundzwanzig Jahre alt geworden, eine Reise in die USA, um Maschinen einzukaufen und die Fabrik technisch auf den neusten Stand zu bringen. Eduard Bally besuchte Schuhfabriken in New York und Boston und war beeindruckt. Am 11. Juni schrieb er dem Vater: «Wenn man als Schuhindustrieller Amerika gesehen hat, so ist alle französische Maschinerie, alles englische Gemache großen Teils Schund.» Eduard kaufte amerikanische Sohlenstanzmaschinen, Absatzbeschneidemaschinen, Sohlenpressen, Absatzaufnagel- und Lochmaschinen, ließ sich in deren Bedienung unterweisen und kehrte heim nach Schönenwerd, um mit den Maschinen die modernste Schuhfabrik Europas einzurichten.

Aber dann stand er vor der Schwierigkeit, dass die Arbeiter seinen Enthusiasmus nicht teilten und sich zu Handlangern der Maschine degradiert fühlten. Die Meister stünden «den Maschinen und Arbeitsmethoden apathisch, ja geradezu feindlich gegenüber», berichtete Eduard. «Die Schwierigkeiten zeigten sich namentlich bei den Arbeitern, die vorher Handschuster gewesen waren und sich möglichst ungeschickt benahmen, wenn nicht gar absichtlich der Einführung von Maschinen Widerstand entgegensetzten.»

Wie alle Maschinenstürmer gewöhnten sich auch die Bally-Arbeiter gezwungenermaßen an die Maschinen. Die Produktion nahm sprunghaft zu. Um 1880 beschäftigte Bally 2500 Angestellte, die Jahresproduktion lag bei 2,25 Millionen Paar Schuhen, die in alle Welt exportiert wurden. Das Schönenwerder Mutterhaus hatte Tochterfirmen in Genf, Montevideo, Buenos Aires, Paris und London sowie Vertretungen in Hamburg, Wien, Berlin, Beirut, Lissabon, Barcelona, Marseille, Bukarest, Sofia, Smyrna, Konstantinopel, Alexandria, Kairo, Madrid und Brüssel.

Je glänzender aber der Geschäftsgang sich entwickelte, desto mehr schwanden die Kräfte des Patriarchen. Schon als junger Mann hatte er oft gekränkelt und war zur Kur nach Flims oder in den Thurgau gefahren. Mit den Jahren kam ein Nervenleiden hinzu, und nachdem er 1892 mit einundsiebzig Jahren die Firmenleitung endgültig in die Hände seiner Söhne gelegt hatte, versank er in Schwermut; sein Tagebuch, das er ein Leben lang gewissenhaft geführt hatte, verstummte. Der letzte Eintrag datiert vom 20. Dezember 1891: «Bei 7 Grad Celsius unter 0 haben Groß Wasser in der Aare. Den ganzen Winter durch hatten wir nie niedern Wasserstand.» Nach dem Tod seiner Frau Cecilie

1895 verdunkelten sich seine Tage vollends, und seine Angehörigen wünschten ihm, dass er möglichst bald durch einen sanften Tod aus dem Leben scheiden möge.

Er starb am 5. August 1899 in Basel.

Bally – Die Geschichte

1851
Carl Franz Bally produziert in Schönenwerd mit dreißig Arbeitern mehrere hundert Paar Schuhe. Totaler Misserfolg. Die Schuhe sind zu eng und schlecht gearbeitet.

1857
Bally exportiert erstmals Schuhe nach Südamerika. Die Nachfrage steigt. In rascher Folge werden zusätzliche Fabrikräume erstellt und eine Verkaufsorganisation aufgebaut.

1870
Carl Franz's ältester Sohn Eduard Bally reist in die USA, um moderne Schuhfabriken zu studieren. Er kauft Maschinen und stellt die Produktion in Schönenwerd von Hand auf Maschinenarbeit um.

1880
Bally-Schuhe haben weltweite Berühmtheit erlangt und gelten als Luxusprodukte wegen der Qualität der verwendeten Materialien, der guten Verarbeitung und des raffinierten Designs.

1892
Eduard und Arthur Bally übernehmen die Geschäftsleitung, Patriarch Carl Franz scheidet aus der Firma aus. Er stirbt sieben Jahre später in geistiger Umnachtung.

1907
Großer Streik bei Bally wegen verweigerter Lohnerhöhungen. Sämtliche Streikenden werden entlassen.

1914
Ausbruch des Ersten Weltkriegs. Bally liefert während der ganzen Dauer des Krieges wöchentlich 10 000 Paar Militärschuhe an die Schweizer Armee.
Im zweiten Kriegsjahr wird auch die französische Armee beliefert, weshalb die deutsche Kundschaft zum Bally-Boykott aufruft. Umgekehrt fordert Frankreich, dass Bally keine Schuhe mehr nach Deutschland liefert, und gibt sich schließlich damit zufrieden, dass keine Männerschuhe mehr nach Deutschland gehen.

1916
Bally ereicht dank Kriegskonjunktur neue Rekordzahlen: 3,9 Millionen Paar Schuhe werden umgesetzt, 60 Prozent davon im Ausland. Bally hat 7159 Mitarbeiter.

1921
Schwerer Absatz- und Produktionsrückgang. Dramatischer Einbruch der Bestellungen, Zerfall der Währungen in Frankreich und Deutschland bei unverändert starkem Schweizer Franken. Die Jahresproduktion sinkt von 3,6 Millionen Paar (1920) auf 1,83 Millionen Paar (1921).

1927
Rascher Aufbau eines Netzes eigener Detailgeschäfte. 1975 gibt es 150 Verkaufsstellen in der Schweiz und über 200 weitere weltweit.

1931
Der Inlandmarkt wird mit billiger Auslandsware überschwemmt. Der Export hat mit Zollerhöhungen in England

und Frankreich zu kämpfen. Bally verkauft unter den Herstellungskosten. Der Bund kommt dem Unternehmen mit hohen Schutzzöllen und Importkontingentierungen zu Hilfe.

1939
Ausbruch des Zweiten Weltkriegs. Der internationale Lederhandel kommt zum Erliegen, Bally leidet an Rohstoffmangel. Die Schweizer Armee bestellt schwere Marsch- und Bergschuhe. Die Mobilmachung ruft die Hälfte der männlichen Belegschaft zum Militärdienst. Bally experimentiert mit Ersatzstoffen für Leder. 1943 Bau der Gummischuhfabrik.

1945
Der Rohstoffhandel läuft wieder, die Nachfrage steigt. Wegen Arbeitskräftemangels werden ab 1946 erste Kontingente von Gastarbeitern rekrutiert, vor allem aus Italien.

1965
Die Konkurrenz produziert vermehrt in Billiglohnländern, was für Bally den Export erschwert. 1969 ist jeder zweite in der Schweiz verkaufte Schuh ein Billigschuh aus dem Ausland. Der teure Schweizer Schuh droht vom Markt verdrängt zu werden.

1970
Die Mitglieder der Familie Bally ziehen sich allmählich aus der Geschäftsleitung zurück.

1975
Rezession. Die Schweizer Konsumenten bevorzugen immer mehr den billigen, kurzlebigen Importschuh. Die Bally-Betriebe in Brig, Sitten und Schöftland werden geschlossen.

1977
Der junge Finanzjongleur Werner K. Rey erwirbt die Aktienmehrheit von Bally und gelangt an die Spitze von Verwaltungsrat und Generaldirektion. Nur neun Monate später verkauft er Bally mit mehreren hundert Millionen Franken Gewinn an das Rüstungsunternehmen Oerlikon-Bührle Holding AG.

1980
Dank steigender Umsätze im Fernen Osten erzielt Bally vorübergehend wieder Gewinn. Bally wird in den rasch wachsenden Märkten Ostasiens zum Statussymbol.

1986
Strukturelle Probleme bei Produktion, Marketing und Verkauf. Immer mehr Bally-Schuhe werden von Vertragsproduzenten in Italien hergestellt.

1991
Mit Beginn der Rezession brechen die Umsatzzahlen ein. Die Produktion wird gedrosselt, das ganze Unternehmen reorganisiert. Immer mehr müssen Absätze, Leisten und Sohlen von anderen Produzenten eingekauft werden.

1999
Bally wird an die texanische Beteiligungsgesellschaft Texas Pacific Group verkauft.

2000
Die Schuhproduktion in Schönenwerd wird eingestellt, der Firmensitz nach Caslano im Tessin verlegt. Jahr um Jahr schreibt die Firma rote Zahlen.

2005

Bally konzentriert die Schuhfertigung hauptsächlich in Caslano (TI). In Florenz werden die Accessoires entwickelt, in Ancona entstehen die Bekleidungssortimente. Accessoires und Bekleidung nehmen an Bedeutung zu. Bally produziert noch rund 300 000 Paar Schuhe jährlich. Die Schuhe machen 55 Prozent des Umsatzes aus, die Accessoires 35, die Bekleidung 10 Prozent. Weltweit beschäftigt Bally noch 974 Mitarbeiter, davon 384 in der Schweiz.

Julius Maggi

Vielleicht verdankt die Welt die Erfindung der Beutelsuppe einer Liebesgeschichte. Das lassen zumindest vier Dokumente im Zürcher Staatsarchiv vermuten.

Aus dem ersten geht hervor, dass am 5. Mai 1839 die Gemeinde Zürich-Affoltern einen bisher unbekannten italienischen Einwanderer namens Michele Maggi ins Bürgerrecht aufnahm.

Das zweite besagt, dass Maggi am 24. Mai 1839 für 27 000 Gulden die Neumühle in Frauenfeld samt Säge, Hanfreibe und Ökonomiegebäude erwarb.

Drei Tage später, am 27. Mai 1839, heiratete Michele, der sich fortan Michael nannte, eine gewisse Sophie Esslinger, Tochter des Zürcher Großrats Johannes Esslinger, dessen Ahnen mit dem Export bedruckter Taschentücher reich geworden waren. Michael war einunddreißig, Sophie achtundzwanzig Jahre alt.

Das vierte Dokument ist ein Geburtsschein. Am 6. Oktober 1839, also vier Monate nach der Hochzeit, wurde dem jungen Paar ein gesundes Mädchen namens Angela geschenkt.

Da die Kleine gesund und kräftig war, darf man annehmen, dass die Schwangerschaft nicht vier, sondern neun Monate dauerte. Davon ausgehend kann man sich Folgendes vorstellen: Dass Sophie Esslinger, die schon ein dreijähriges Büblein namens Eugen hatte und sich wenige Monate zuvor vom Zürcher Söldner Rudolf Hotz hatte scheiden lassen, der in französischem Kriegsdienst erkrankt war – dass also Sophie schon Mitte Februar 1839 einen schlimmen Verdacht hegte, der Ende des Monats zur Gewissheit wurde, worauf eine Beichte bei Vater Esslinger unumgänglich wurde. Weiter kann man sich ausmalen, dass der würdige Ratsherr nach anfänglichem Toben seinen festen Willen kundtat, den Verführer zum Traualtar zu prügeln, was Sophie vorsichtig mit dem Hinweis beantwortete, dass Michele leider erstens mittellos und zweitens kein Schweizer, sondern Träger eines mächtigen Schnurrbarts und außerdem Italiener sei; worauf der Vater in den nächsten Sessel sank und nach langem Schweigen vielsagend brummte, das werde man ja sehen. Jedenfalls machte Michele, der angeblich als patriotisch gesinnter Medizinstudent vor den spanisch-österreichischen Häschern aus Pavia hatte flüchten müssen, in den folgenden Wochen eine erstaunliche Wandlung durch. Plötzlich hieß er nicht mehr Michele, sondern Michael. Er war nicht mehr Italiener, sondern Schweizer. Und er war kein Hungerleider und verkrachter Medizinstudent mehr, sondern stolzer Besitzer einer Müllerei. Aber Deutsch konnte er immer noch kein Wort.

Vielleicht war aber auch alles ganz anders. Vielleicht war Michele gar nicht der Vater des Neugeborenen, sondern musste mittels finanzieller Anreize überzeugt werden, als solcher einzuspringen. Denkbar ist aber auch, dass die Liebe zwischen Sophie und Michele tatsächlich groß und die Hochzeit reine Formsache war. Und möglich ist schließlich, dass Vater Esslinger gar nicht wütend, sondern recht zufrieden war mit dem Schwiegersohn, der eventuell gar kein Hungerleider war; denn ganz ausschließen kann man nicht, dass die 27 000 Gulden keineswegs vom Schwiegervater, sondern aus Micheles väterlichem Erbe stammten, wie einige seiner Nachfahren behaupteten. Andere wiederum glaubten zu wissen, Michele habe das Startkapital in den Eisenbergwerken Graubündens hart erarbeitet. Wer weiß. Bleibt anzumerken, dass in den Archiven der medizinischen Fakultät in Pavia tatsächlich ein Student namens Michele Maggi registriert ist, der 1836 über die Wirkungsweise von Medikamenten («Animadversiones in medicamentorum agenti modum») doktorierte. Die Bündner Obrigkeit aber hat nie einen Bergarbeiter dieses Namens in ihren Akten geführt, und ein Bergarbeiter hätte wohl etwa dreihundert Jahre lang sparen müssen, um beim damals üblichen Taglöhner- und Handwerkerlohn von einem Gulden auf 27 000 Gulden zu kommen.

Wie auch immer.

Jedenfalls scheint die Ehe glücklich gewesen zu sein. Da Michael Maggi des Deutschen nicht mächtig war und von der Müllerei keine Ahnung hatte, überließ er diese seiner protestantisch-geschäftstüchtigen Ehefrau, parlierte mit ihr Französisch und beschränkte sich ansonsten auf die repräsentativen Aufgaben eines Unternehmers. In rascher Folge kamen die Töchter Julia, Sophie und Rosina zur Welt und am 9. Oktober 1846, als Zweitletzter, Stammhalter Julius, der die Essgewohnheiten der Welt revolutionieren sollte.

Es scheint, dass Julius fleißig und tüchtig war wie seine alemannische Mutter, aber auch hübsch und lebensfroh wie sein lombardischer Vater. Die Lehrer am Gymnasium in Frauenfeld wurden nicht mit ihm fertig, ein privater Erzieher in Winterthur ebenso wenig; also schickten ihn die

Eltern für drei Jahre nach Yverdon ins Internat, dann für weitere drei zur Lehre ins altehrwürdige Handelshaus Stehelin nach Basel und schließlich für ein zweijähriges Praktikum in eine hochmoderne Dampfmühle nach Budapest. Im Frühling 1869 beendete Julius Maggi seine Lehr- und Wanderjahre und übernahm dreiundzwanzigjährig die Leitung der Hammermühle in Kempttal, die die Eltern in der Zwischenzeit hinzugekauft hatten.

Jahrhundertelang war die Müllerei ein krisensicheres Gewerbe gewesen; denn solange der Mensch Brot isst, braucht er Mehl, und solange irgendwo Korn geerntet wird, muss es gemahlen werden. Um 1880 aber stürzte die Industrialisierung auch dieses Gewerbe in eine schwere Krise. Die neuen Walzenmühlen waren um ein Vielfaches effizienter als die alten Steinmühlen, und die ausländische Konkurrenz war für die Schweizer Müller erdrückend. Die Erträge pro Zentner Mehl fielen ins Bodenlose; um die gewohnten Gewinne zu halten, hätten die Müller ein Vielfaches an Mehl mahlen müssen – aber das wäre nur möglich gewesen, wenn die Menschen auch ein Vielfaches an Brot gegessen hätten.

In dieser Lage begriff Julius Maggi, dass er mit seiner Mühle mehr Geld nicht mit mehr Masse, sondern nur mit zusätzlicher Verarbeitung, also höherer Wertschöpfung, verdienen würde. Er sah sich nach neuen Aufgaben um und machte eine interessante Entdeckung. Zu jener Zeit nämlich setzte im schweizerischen Bürgertum eine Bewegung ein, die sich zum Ziel setzte, die Ernährungslage der Fabrikarbeiter zu verbessern. An der Jahresversammlung der Schweizerischen Gemeinnützigen Gesellschaft vom 19. September 1882 legte der Glarner Arzt und Fabrikinspektor Fridolin Schuler dar, «dass sehr häufig nicht die Armut, sondern die Unwissenheit der Leute an ihrer schlechten Ernährung schuld sei, dass sie nicht zu kochen, ihre bescheidenen Mahlzeiten nicht richtig zusammenzusetzen verstehen, dass die Hausmütter, besonders die in Fabriken arbeitenden, nicht genügend Zeit für eine richtige Zubereitung haben und dass doch gutenteils daher die vielen Magenkrankheiten der arbeitenden Klassen stammten». Die Gesellschaft beschloss deshalb, auf der Grundlage von Bohnen, Erbsen und Linsen eine gesunde, eiweißreiche Fertigmahlzeit auf den Markt zu bringen. Ob nun die Gesellschaft auf Maggi stieß oder jener auf diese, ist umstritten. Jedenfalls machte sich Julius Maggi an die Arbeit. Er erkannte rasch, dass ein bloßes Reinigen und Mahlen der Hülsenfrüchte unter Zuführung kleberreichen Getreidemehls nicht ausreichte. Also suchte er nach chemischen Umwandlungen des Gemüsemehls und sandte zahllose Kostproben an Fridolin Schuler, der sie am eigenen Leib und an denen seiner Freunde auf Geschmack und Verdaulichkeit prüfen musste. Und weil es sich um ein gutes Werk handelte, standen ihm zwei Chemieprofessoren aus Zürich sowie ein Physiologe aus Basel zur Seite. Über den Experimenten verging ein Jahr, dann ein zweites. Schließlich befanden die Testpersonen, dass Genießbarkeit und Verdaulichkeit des Leguminosemehls allmählich den Erwartungen entsprachen, worauf die Gemeinnützige Gesellschaft am 19. November 1884 für drei Jahre das Patronat über Maggis Leguminosen übernahm. Sie würde für die Verbreitung des Suppenmehls in der Bevölkerung sorgen, und Maggi würde seine Ware zu einem fixen, möglichst niedrigen Preis liefern.

Julius Maggi wusste, dass gute Qualität allein trotz philanthropischer Hilfestellung nicht ausreichen würde, seine

Suppen auf dem Markt durchzusetzen. Von Anfang an schlug er hohe Margen auf seine Preise, um ausreichend Geld für Reklame und Werbung zu haben. Maggi lud Zeitungsredakteure und Kochbuchverfasserinnen zum Besuch der Fabrikationsanlagen ein und bezahlte gelegentlich auch Geld, damit Maggi-Produkte in Kochbüchern Erwähnung fanden. Er veranstaltete Kochkurse und verschickte kostenlos Rezepte, und er machte Werbung in Tageszeitungen und Zeitschriften. Sein Enthusiasmus war so groß, dass er nur durch heftigsten Einspruch der ganzen Familie davon abzubringen war, seine drittgeborene Tochter Lucy «Leguminosa» zu taufen.

Weil ihm Reklame so wichtig war, schrieb er in den ersten Jahren alle Annoncen und Prospekte selbst. Als der Aufwand zu groß wurde, stellte er als Werbetexter den jungen Frank Wedekind ein. Der angehende Dichter war in Geldnot; er hatte sich mit dem Vater überworfen, weil er in München heimlich Kunstgeschichte statt Juristerei studiert hatte. Maggi schickte den Jüngling auf Pressereise nach Zürich, Leipzig, Dresden und München, und dieser dankte es ihm mit Reklametexten wie diesem:

Vater und Sohn

Vater, mein Vater!
Ich werde nicht Soldat,
Dieweil man bei der Infanterie
Nicht Maggi-Suppe hat.

Söhnchen, mein Söhnchen!
Kommst du erst zu den Truppen,
So isst man dort auch längst nur
Maggi's Fleischkonservensuppen.

Aber die Arbeit als Reklameschreiber war anstrengend, demütigend und schlecht bezahlt. Nach einem halben Jahr versöhnte Wedekind sich mit dem Vater und kehrte reumütig zum Jurastudium nach München zurück.

Bei Maggi jedoch wollte sich trotz aller Anstrengungen der Erfolg nicht recht einstellen. Zwar fand die Leguminose durchaus Verbreitung – aber eben nicht bei den Armen, sondern bei den Reichen. Es waren die Köchinnen in den Bürgerhäusern, die Zeit und Muße hatten, mit dem neuen Nahrungsmittel zu experimentieren. Die gehetzten Arbeiterfrauen aber waren misstrauisch gegen den fremden, langen Namen und wollten nichts in ihre Suppe verrühren, was sie nicht ohne Schwierigkeiten aussprechen konnten; denkbar ist auch, dass ihnen die Maggi-Suppen schlicht zu fad waren. Denn bei aller Experimentierfreude war Julius Maggi bisher nichts wirklich Neues gelungen; er hatte lediglich Bohnen, Linsen oder Erbsen zu einem Mehl vermahlen, das eine mehr oder weniger schmackhafte und gesunde Mahlzeit ergab, wenn man es mit Wasser aufkochte.

1886 aber gelang ihm die Erfindung der Bouillon-Extrakte, die als Maggi-Würze weltberühmt werden sollten. Das war eine Neuheit in der Nahrungsmittelindustrie, die nichts mehr mit herkömmlicher Müllerei zu tun hatte. Julius Maggi schrieb das Rezept am 12. Dezember 1886 in seinem Korrespondenzbuch nieder. Und weil es bis auf den heutigen Tag kaum verändert wurde und immer noch hoch geheim ist, nur so viel: Maggi's Streuwürze entsteht im Wesentlichen durch Überpeptonisierung von möglichst stärke- und dextrinfreiem Weizenkleber mit chemisch reiner Salzsäure unter Anwendung von Dampfüberdruck, wobei unter Beimengung verschiedener Zutaten ein fleischähnlicher Geschmack entsteht – der typische Maggi-Geschmack, der jahrzehntelang allen Nahrungsmitteln aus Kempttal eigen war.

Die Konkurrenten bei Knorr und Liebig vermuteten hämisch, Maggi wolle mit der Würze lediglich seine öden Leguminosesuppen genießbarer machen – und hatten völlig Recht damit. Dank der Würze kamen Maggis Suppen geschmacklich den hausgemachten recht nahe und verkauften sich deutlich besser. So schossen in den neunziger Jahren im ländlichen Kempttal die Fabrikgebäude nur so empor. 1893 kaufte Maggi in der Nähe einen kleinen Bauernhof von fünf Hektar, um das Gemüse für seine Suppen selbst anzubauen. Dem folgten ein zweiter, ein dritter und ein vierter Hof, deren Besitzer alle in die Industrie abgewandert waren, und 1900 war Maggi Herr über vierhundert Hektar und der größte private Gutsbesitzer der Schweiz. Gleichzeitig entstanden eigenständige Maggi-Fabriken und Verkaufsnetze in Frankreich, Deutschland, Österreich und Italien. Mit dem Erfolg kamen die Nachahmer. Die Conservenfabrik Schleich und Comerell in Friedrichshafen brachte 1897 eine Würze namens «Gusto» auf den Markt, die fast so gut war wie das Original. Nach kurzer Zeit erkannte ihr Inhaber Carl Schleich, dass sein kleines Unternehmen gegen Maggis übermächtige Reklame nicht würde bestehen können. Also besuchte der promovierte Chemiker Julius Maggi 1902 in Kempttal, verkaufte ihm die Fabrik und ließ sich als technischer Direktor der Maggi-Fabriken einstellen. Bald sollte sich herausstellen, dass der besiegte Konkurrent zu Maggis treuestem Verbündeten wurde. Carl Schleich entwickelte die automatische Verpackung und baute neue Maggi-Fabriken, wo immer eine benötigt wurde. Vor allem aber erfand er 1908 den

Maggi-Bouillonwürfel, der über die Jahrzehnte zum weltweiten Verkaufsschlager werden sollte.

Ein neues Feld tat sich für Lebensmittelfabrikanten wie Maggi, Knorr und Liebig auf, als die europäische Industrie zur Massenverpflegung ihrer Arbeiter in betriebseigenen Kantinen überging. Ein weiteres, äußerst einträgliches Geschäft war die Herstellung von Fertignahrung für die gewaltigen Heere, die sich in Erwartung des Ersten Weltkriegs rüsteten. Bis weit ins 19. Jahrhundert hinein war es üblich gewesen, dass die Soldaten mit ihrem kärglichen Sold selbst für ihre Verpflegung sorgten. Das war mit dem Aufkommen großer mechanisierter Heere nicht mehr möglich. Und da sich die Armeen dank der Eisenbahn immer schneller bewegten, war es auch nicht mehr machbar, ihnen mit riesigen Herden Schlachtvieh zu folgen. Die Militärs hatten deshalb großes Interesse an Fleischkonserven, nahrhaften Suppen und Fleischextrakt – was ihnen Knorr, Maggi und Liebig bereitwillig lieferten.

Bis über den fünfzigsten Geburtstag hinaus blieb Julius Maggi jugendlich schlank und von unerhörtem Tatendrang. Er war passionierter Reiter und ein großer Schwimmer im Zürcher Limmatklub sowie Mitglied des Alpenklubs. Er gründete mit seinen Angestellten einen Fahrrad- und einen Schachklub, war einer der ersten Motorrad- und Autofahrer weit und breit – und vor allem arbeitete er von morgens früh bis abends spät in der Kempttaler Fabrik, wo er oft auch die Nächte verbrachte, allein oder mit ein paar Arbeitern. Er schlief nur drei oder vier Stunden täglich und vertrat die originelle Ansicht, dass man Schlafmangel durch zusätzliche Nahrungsaufnahme kompensieren könne.

Als im Juni 1900 die Weltausstellung in Paris ihre Tore

öffnete, zog Maggi samt Gattin und den vier halbwüchsigen Kindern für fünf Monate in ein Palais am Boulevard Voltaire. Die Maggis verfügten über livrierte Diener, eine vierspännige Kutsche und eine Dampfjacht an der Seinemündung samt ständiger dreiköpfiger Besatzung, die «Maggi I» getauft wurde. Als im November Ehefrau Louise und die Kinder nach Zürich heimkehrten, blieb Julius Maggi allein in der Lichterstadt zurück – offiziell, um die kränkelnde französische Maggi-Niederlassung in Schwung zu bringen. Das tat er dann auch. Wahr ist aber ebenso, dass er sich fortan Jules nannte und eine langjährige Liaison mit einer ehemaligen Schauspielerin am Théâtre Français einging, die sich Madame Rouyer nannte und ihn eine Menge Geld kostete. Denn bald kam es zwischen ihr und Jules, der den fünfzigsten Geburtstag längst hinter sich hatte und allmählich zu Leibesfülle und Kurzatmigkeit neigte, zu schrecklichen Dramen und Tragödien, die erst ein Ende nahmen, als er ihr eine monatliche Leibrente zahlte und ein Sparkonto mit 48 000 Francs einrichtete.

Ob Ehefrau Louise im heimatlichen Zürich um all diese Vorgänge wusste, ist ungewiss; in den Hunderten von Briefen aus der Pariser Zeit findet sich keine Spur eines Zerwürfnisses, und Madame Rouyer wird nie erwähnt. Stets redeten die Eheleute einander mit «Liebste» und «Liebster» an, besprachen die großen und kleinen Sorgen des Haushalts, die Verheiratung der Töchter, die mangelhaften schulischen Leistungen des Stammhalters Harry sowie die Pläne für eine Familiengruft in Kempttal, und zum Abschied grüßten und küssten sie einander jeweils «herzlichst». Kein Wort verlor Jules darüber, dass er in Tunesien Pläne für eine prachtvolle Ferienvilla im maurischen Stil zeichnen ließ; kein Wort über den Urlaub in

Biarritz oder über die Dampfjachten «Maggi II», «Maggi III» und «Maggi IV», die im Hafen von Harfleur ihren Liegeplatz hatten.

Ob Ehefrau Louise tatsächlich ahnungslos war oder ob sie sich lebensklug ins Unabänderliche schickte, ist nicht bekannt. Nur einmal, wohl um das Jahr 1907, findet sich ein Eintrag in ihrem Poesiealbum, der tief blicken lässt. «Lequel des deux est le plus triste: perdre un être aimé pour la mort ou pour – la vie.»

Diesem Leben zollte allmählich auch Julius Maggi Tribut. Er wurde kränklich, musste sich am Blinddarm operieren lassen, fuhr im Januar 1911 erstmals in seinem Leben auf Erholungsurlaub. Im Sommer 1912 bemerkten die Maggi-Direktoren in Paris, dass ihr Patron während der Sitzungen Bewusstseinsabsenzen hatte. Am Montag, dem 5. August, schien er sehr schläfrig. Am Dienstag folgte er dem Gespräch nur noch mit Mühe. Am Mittwoch riefen die Direktoren telegrafisch Maggis Leibarzt aus der Schweiz herbei. Als dieser am Donnerstag eintraf, konnte Julius Maggi nicht mehr klar denken und wurde immer schwächer. Am Sonntag brachte man ihn in ein vornehmes Sanatorium in Neuilly, wo ihn die Kinder drei Tage später besuchten. Seine drei Töchter Alice, Lucy und Betty erkannte er noch, als sie morgens ans Krankenbett traten; Sohn Harry aber, der erst am Nachmittag kam, schon nicht mehr. Die Ärzte machten den Angehörigen wenig Hoffnung. Manche vermuteten eine Diabetesattacke, andere eine Hirnaffektation. Julius Maggi erwachte nie wieder aus seinem Dämmerzustand. Nach zwei Monaten wurde er ins Sanatorium Küsnacht gebracht und starb dort am Samstag, dem 19. Oktober 1912, zehn Tage nach seinem sechsundsechzigsten Geburtstag, nachts um Viertel nach drei.

Seine Frau Louise notierte in ihrem Schreibkalender: «Er blieb dort, in Blumen gebettet und von mir täglich mehrmals besucht, in seinem Krankenzimmer und von seinem Wärter Gert treu bewacht, bis zum Begräbnistag, an welchem ich mit Betty, Lucy, Alice und Harry frühmorgens um fünf Uhr zum letzten Male Abschied von ihm nahm.»

Maggi – Die Geschichte

1869
Julius Maggi übernimmt die Hammermühle Kempttal von seinem Vater Michael.

1884
Maggi bringt nach zweijähriger Versuchszeit die ersten Leguminosemehle aus Bohnen, Erbsen und Linsen in den Handel, die nach kurzer Kochzeit eine nahrhafte Suppe ergeben. Die Suppe enthält mehr Eiweiß als alle anderen pflanzlichen Nahrungsmittel, auch mehr als Fleisch. Die Schweizerische Gemeinnützige Gesellschaft übernimmt die Verbreitung als billiges Volksnahrungsmittel.

1886
Maggi gründet Niederlassungen in Paris, Berlin und Singen sowie Wien und Bregenz. Julius Maggi wird berühmt mit der Maggi-Würze.

1890
Das Unternehmen wird zur Aktiengesellschaft umgewandelt und Julius Maggi zu ihrem Generaldirektor ernannt. Ein Jahr später ist die Hälfte des Aktienkapitals von 1,5 Millionen Franken verloren, da der Absatz stockt.

1893
Maggi kauft in Kempttal ein Bauerngut, um das benötigte Gemüse selbst anzubauen. In wenigen Jahren wächst es zum größten privaten Gutsbetrieb der Schweiz an mit 400 Hektar Land und einer Herde von 400 Rindern.

1902
In den Büros des Kempttaler Betriebs wird die 52,5-Stunden-Woche eingeführt, vier Jahre später der freie Samstagnachmittag.

1908
Der Bouillonwürfel wird lanciert und ist sofort ein großer Verkaufserfolg.

1912
Nach dem Tod Julius Maggis wird die Aktiengesellschaft in eine Holding umgewandelt. Sie heißt erst «Allgemeine Maggi-Gesellschaft», später und bis zur Fusion mit Nestlé «A.G. Alimentana». Der Stammbetrieb in Kempttal heißt weiterhin «Fabrik von Maggis Nahrungsmitteln».

1914
Maggi wird in Frankreich beschuldigt, ein Vorposten deutscher Interessen zu sein und unter dem Deckmantel kommerzieller Tätigkeit gegen Frankreich zu spionieren. Die Firma wehrt sich und strengt einen Prozess an. Kurz vor Kriegsausbruch stürmt Pariser Pöbel Maggi-Lokale, zerstört sie und legt die französische Maggi-Tochter während der ganzen Kriegsjahre lahm.

1917
In Kempttal wird der Neunstundentag eingeführt.

1918
Maggi lanciert die braune, gebundene Bratensauce. Kurz vor dem Generalstreik schließt das Unternehmen einen ersten Gesamtarbeitsvertrag mit den Gewerkschaften ab.

1934
Die Flädlisuppe und die Fleischsuppe kommen auf den Markt.

1939
Während des Zweiten Weltkriegs sind Import und Export stark eingeschränkt. Maggi behandelt seine Niederlassungen in Frankreich, Deutschland und Österreich als unabhängige nationale Einheiten, die je für ihren Heimmarkt produzieren. Nach Kriegsende werden die Maggi-Niederlassungen in der Tschechoslowakei und in Polen verstaatlicht. Rohstoffmangel, steigende Löhne, Wechselkursverluste und höhere Steuerlast machen dem Unternehmen zu schaffen. Die deutschen Tochterunternehmen schreiben große Verluste. Fünfzig Jahre nach Kriegsende werden Historiker Maggi vorwerfen, die Firma habe in Singen Zwangsarbeiter ausgebeutet, Nazis in leitende Stellungen berufen und kriegswichtige Güter hergestellt.

1947
Die Maggi-Holding fusioniert mit Nestlé S. A. in Vevey.

1962
Als erster Fabrik überhaupt gelingt es Maggi, Knöpfli (Spätzle) industriell herzustellen. Zwei Jahre später folgt Rapid Mais, eine in zwei Minuten gekochte Polenta, noch ein Jahr später der Maggi-Goldwürfel, eine Fleischsuppe in einer Schachtel zu sechs Würfeln.

1969
Minestrone, Gemüse-, Lauch- und Kartoffelsuppe erobern den Markt. Sie haben vorerst eine Kochzeit von 25, später noch 15 Minuten.

1971
Der seit vielen Jahren defizitäre Maggi-Gutsbetrieb wird eingestellt, weil mitten durchs Gelände die Autobahn N1 gebaut wird.

1974
Maggi führt vier Flüssiggewürze im 50-Gramm-Glas ein (Knoblauch, Zwiebel, Sellerie, Paprika). Ein Jahr später kommt die Tomaten- und die Ochsenschwanzsuppe, die Hühnersuppe mit Nudeln und die Rindfleischsuppe mit Croûtons.

1980
Der Quick Lunch erobert die Welt. Nach Beigabe von kochendem Wasser in den Plastikbecher entstehen in Minutenschnelle: Nudeln à la Mexicaine, Spaghetti Napolitaine, Nudeln in Jägersauce, Spiralnudeln in Currysauce, Nudeln mit Hühnerfleischsauce. Ein Jahr später kommen Gemüsereis und Pilzrisotto hinzu. In Kempttal wird für 21 Millionen Franken eine neue Würzefabrikationsanlage gebaut.

1987
Seit hundert Jahren riecht das Kempttal ganzjährig rund um die Uhr nach Maggi-Würze. Maggi unternimmt vergebliche Anstrengungen, um Abhilfe zu schaffen. Studien ergeben, dass die dafür notwendigen Filteranlagen die Landschaft verschandeln würden.

2002
Die Kempttaler Fabrik wird vom Riechstoffhersteller Givaudan übernommen. Die Produktion der Maggi-Würze bleibt in

Kempttal. Andere Maggi-Produkte werden neu im deutschen Werk Singen hergestellt und Produktion und Forschungsabteilung dort konzentriert, da der deutsche Markt für Maggi der wichtigste ist.

2006
Maggi verkauft nach groben Schätzungen der Firma weltweit 16 000 bis 18 000 verschiedene Produkte.

Antoine Le Coultre

Die Winter sind lang und hart im Vallée de Joux zwischen Genf und Neuenburg. Über Jahrhunderte vertrieben sich die Bauern die Zeit der Untätigkeit, indem sie am Fenster ihrer guten Stube mit einfachsten Werkzeugen Uhrenzahnräder sägten, Zifferblätter bemalten und ganze Uhrwerke zusammenbauten. Und da der Schnee so hoch lag und der Frühling so fern war, hatten sie es nicht eilig, ihre Uhren fertig zu stellen. Mit unendlicher Geduld und Sorgfalt ersannen die stolzen Kunsthandwerker immer schönere, kompliziertere und präzisere Mechanismen; wenn im Frühling der Schnee schmolz, packten sie ihre Kostbarkeiten in den Rucksack, stiegen über den holprigen Karrenweg des Col du Marchairuz hinunter nach Genf und verkauften sie Stück für Stück den weltberühmten Horlogiers.

Was in der weiten Welt geschah, kümmerte die Heimwerker im einsamen Hochtal wenig. Zwar stiegen oder sanken zuweilen die Preise, wenn Europa wieder einmal im Krieg versank, Napoleon den Handel mit England verbot oder nach katastrophalen Missernten Hungersnöte wüteten. Aber die schönen Uhren aus dem Jura fanden stets ihre Käufer, und das bisschen Stahl und Messing, das für die Herstellung nötig war, kostete wenig und ließ sich immer irgendwie beschaffen. Konkurrenz gab es kaum, schon gar nicht seitens der industriellen Massenfertigung, die allmählich alle anderen Bereiche des Lebens erfasste. Denn es schien ganz undenkbar, dass eine plumpe Maschine jemals auch nur annähernd so exakt und kunstvoll arbeiten würde wie die Uhrmacher im Vallée de Joux. Das blieb so, bis im Frühling 1833 der junge Antoine Le Coultre aus Le Sentier sich endgültig mit seinem Vater zerstritt. Er zog aus der Schmiede seiner Ahnen aus und erfand Maschinen – Maschinen, welche die schönsten, robustesten und dauerhaftesten Uhren der Welt bauen sollten.

Die Le Coultres waren Hugenotten. Sie gehörten zu den tausenden protestantischen Glaubensflüchtlingen, die seit Mitte des 16. Jahrhunderts aus dem katholischen Frankreich nach Genf geflohen waren und das Uhrmachergewerbe mitgebracht hatten. Am südwestlichen Ende des Lac de Joux hatten sie ein großes Stück Urwald in Besitz genommen, gerodet und fortan kärglich und bescheiden als Bauern, Viehzüchter und Forstleute gelebt. Nebenher führte die Familie eine Schmiede, in der sie Äxte, Hacken und Hämmer herstellte und Pferde beschlug. Später kamen feinere Werkzeuge wie Messer, Sägen und Rasiermesser hinzu. In welchem Jahr die Familie Le Coultre Uhren herzustellen begann, weiß man nicht. Das erste schriftliche Zeugnis datiert vom 20. Juni 1795, als Uhrmachermeister Abraham Joseph Le Coultre, der Großvater des Firmengründers, zwei Lehrlinge unter Vertrag nahm. Schon im folgenden Jahr tat sich ein neuer Erwerbszweig auf, als der Genfer Uhrmacher Antoine Favre die Musikdose erfand. Fortan lieferten die Le Coultres die stählernen Kämme nach Genf, welche die Musikdosen zum Klingen brachten.

Es war in dieser Zeit der immer feiner werdenden Mechanik, da der junge Antoine Le Coultre seine ersten Versuche in der Schmiede seiner Ahnen machte. Er war vom ersten Tag an ein geduldiger, beharrlicher Arbeiter mit einer feinen, ruhigen Hand und einem intuitiven Sinn für die Gesetze der Metallurgie und Mechanik. Mit elf Jahren fertigte er kleine Klingen und Taschenmesser, mit sechzehn klingende Kämme für Musikdosen. Er lernte rasch und vergaß nichts, und weil er sich schon bald nicht mehr belehren ließ, geriet er in Streit mit seinem Lehrmeister und Vater. Mit neunzehn Jahren führte er seine eigene, vom Vater unabhängige Buchhaltung, arbeitete aber weiter in dessen Schmiede. Mit zweiundzwanzig stellte er zwei Arbeiter ein, die für ihn Stahlkämme frästen, während er an neuen Verfahren tüftelte. Er entwickelte eine eigene Methode zum Härten des Stahls und erfand Fräsen und Bohrer, die feiner arbeiteten als alle bisher bekannten Werkzeuge. Schon bald waren Antoine Le Coultres Stahlkämme weiterum bekannt für ihre Präzision und Dauerhaftigkeit; ab 1827 lieferte er nicht nur Kämme, sondern auch Hunderte von Fräsen nach Genf.

Aber dann entstanden die ersten Musikdosenfabriken; die Preise für Stahlkämme brachen ein, bei Le Coultre blieben die Bestellungen aus. Daher verließ Antoine im Herbst 1828 das Vallée de Joux, um sich über den Winter in Genf nach einer neuen Verdienstmöglichkeit umzusehen. Er machte eine Schnupperlehre im Uhrmachergeschäft seines Onkels François Le Coultre, besuchte an der Uhrmacherschule Kurse in Mathematik, Physik und Chemie – und gelangte zur Erkenntnis, dass die Qualität einer Uhr hauptsächlich von der Güte ihrer Zahnräder abhängt. Er beschloss, eine Maschine zu erfinden, die Zahnräder bester Qualität in großen Stückzahlen mit zuverlässig gleichmäßigen Zähnen schnitt, denn bis dahin hatten die Uhrmacher die Räder Stück für Stück nach Augenmaß zurechtgeschnitten und anschließend in die richtige Form gefeilt. Aber bei aller Fingerfertigkeit besaßen diese Zahnräder nie die präzis richtige Form, und der Stahl war weich und die Härtung ungenügend.

Im Frühling 1829 kehrte Antoine heim in die väterliche Schmiede und machte sich an die selbst gestellte Aufgabe. Nachts tüftelte er an seiner Maschine, tagsüber schmiedete er für den Lebensunterhalt Rasiermesser aus feinstem englischem Huntsman-Stahl. An einem arbeitsfreien Donnerstag, dem 28. Juli 1831, heiratete er eine entfernte Cousine namens Zélie, die ihm in rascher Folge acht Kinder schenken sollte. Ein weiteres Jahr später hatte er es geschafft: In der Schmiede stand eine Fräse, die in einem einzigen Arbeitsdurchgang aus dem vollen Stahl perfekt geformte Räder schnitt. Antoine Le Coultres Zahnräder waren von einer Vollkommenheit, wie sie die Welt noch nicht gesehen hatte. Die Fachwelt war begeistert. Antoines Vater aber gab dem Sohn zu verstehen, dass er die Erfinderei jetzt mal bleiben lassen und sich ums Geldverdienen kümmern solle. Er unterstellte dem Junior Großmannssucht und rechnete ihm vor, dass er mit seiner kostspieligen Tüftelei die ganze Familie in den Ruin treibe. Antoine seinerseits blieb der besessene Erfinder, der er war. Er konnte nicht anders, als weiter an seinen Maschinen zu tüfteln. Tagsüber war er zwar bereit, sich in den Dienst des Vaters, der Familie und der Ehefrau zu stellen; aber in den langen Nachtstunden wollte er nach eigenem Gutdünken an seinen Maschinen arbeiten. Und weil Vater und Sohn typische Vertreter des verschlossenen und starrköpfigen Menschenschlags waren, der im jurassischen Hochtal heimisch ist, kam es im Herbst 1833 zum Bruch: Der Junge verließ den

Alten im Streit, schlug die Tür zur Schmiede hinter sich zu – und richtete im Obergeschoss des väterlichen Hauses eine eigene Werkstatt mit sechs Arbeitern ein.

Endlich sein eigener Herr und Meister, fehlte ihm, der ein begnadeter Handwerker, aber kein Geschäftsmann war, wohl doch der Rückhalt der Familie; jedenfalls lud er seinen zehn Jahre jüngeren Bruder Ulysse ein, ebenfalls aus der väterlichen Werkstatt auszutreten und bei ihm anzufangen. In den ersten Jahren entwickelten sich die Geschäfte prächtig. Die Uhrenmanufakturen aus nah und fern nahmen den Brüdern Le Coultre so viele Zahnräder ab, wie diese nur produzieren konnten, und zwar zu dem Preis, den sie verlangten. Für Antoine aber war klar, dass er sich nicht auf Dauer damit zufrieden geben würde, für anderer Leute Uhren Zahnräder herzustellen. Er wollte auch die Unruh, die Hemmung und das Gehäuse anfertigen, und natürlich würde er zu guter Letzt das alles selbst zusammenbauen, und auf dem Zifferblatt würde sein Namenszug stehen.

Nach vier Jahren hatten Antoine und Ulysse genug Geld verdient, um in der Nähe des Elternhauses ein großzügiges Wohnhaus mit angebauter Werkstatt zu errichten und alle Kosten bar zu begleichen. Die Rollen im jungen Haushalt waren von Anfang an klar verteilt. Antoine war der gestrenge Patron, Ulysse dessen williger, arbeitsamer kleiner Bruder und Antoines Frau Zélie die unbestrittene Hausherrin. Aber dann beschloss Ulysse, dass es auch für ihn Zeit sei, eine Frau heimzuführen. Die Erwählte hieß Nicole. Sie habe die Gestalt eines Engels gehabt, heißt es in der Familienchronik; in ihrem Wesen aber scheint sie genauso dickschädelig und schwierig gewesen zu sein wie alle anderen Mitglieder der Familie. Jedenfalls entbrannte zwischen den beiden Frauen, die Tag und Nacht unter dem neu gebauten Dach zusammenleben mussten, ein endloser häuslicher Revierkampf, in dem sich ständig die eine von der anderen übervorteilt fühlte und beide einander schikanierten und mit spitzen Bemerkungen verfolgten. In der kriegerischen Atmosphäre dieses Frauenhaushalts konnten auch die zwei Brüder auf Dauer nicht in Frieden leben. Sie gingen einander möglichst aus dem Weg, und wenn eine geschäftliche Besprechung im Kontor durchaus nicht zu vermeiden war, blieben sie kurz angebunden und unfreundlich. Antoines Sohn Elie, der einen großen Teil seiner Kindheit in der Fabrik verbrachte, sollte sich Jahrzehnte später bei der Niederschrift seiner Memoiren erinnern, wie sehr ihm die Feindseligkeit zwischen Vater und Onkel auf der Seele lastete.

Die Geschäfte hingegen liefen weiterhin blendend. Ulysse kümmerte sich geschickt um Produktion und Verkauf, und Antoine machte seine Erfindungen. Bald waren die Zahnräder derart exakt gearbeitet, dass allfällige Ungenauigkeiten mit den existierenden Instrumenten nicht mehr messbar waren. Um sich weiter verbessern zu können, brauchte Antoine ein präziseres Messinstrument. Also entwickelte er das «Millionometer». Der Apparat versetzte die Menschheit erstmals in die Lage, einen Tausendstelmillimeter praktisch zu messen, und führte einen neuen Präzisionsstandard in der Uhrmacherei ein. Zwei Jahre später erfand er den Kronenaufzug mit Wippe, dank dem der kleine Aufziehschlüssel, der so oft verloren ging, überflüssig wurde. Nebenbei konstruierte Antoine eine Maschine für die Herstellung der Hemmung, eine für die Unruh und eine fürs Gehäuse – bis er um 1847 endlich so weit war, sämtliche Teile einer Uhr maschinell herzustellen.

Aber gerade als das große Ziel näher rückte, machten die Brüder 1849 dem häuslichen Krieg ein Ende, indem sie getrennte Wege gingen. Der geschäftstüchtige Ulysse übernahm die Arbeiter sowie die hochrentable Zahnradproduktion; der eigenbrötlerische Antoine blieb allein zurück mit den Schulden und seinen Maschinen. Während zwei Jahren arbeitete er ganz allein an der Uhr, die ihm vorschwebte – an der ersten, ganz und gar mit seinen Maschinen angefertigten Le Coultre. Als am 1. Mai 1851 die erste Weltausstellung in London die Tore öffnete, fasste er einen Entschluss. Der Achtundvierzigjährige, der sich sein Lebtag kaum weiter als einen Tagesmarsch vom Vallée de Joux entfernt hatte, packte seine Uhrwerke ein, ließ sich am 23. Juni von der Staatskanzlei in Lausanne einen Reisepass ausstellen und fuhr nach London, um seine Uhren der ganzen Welt zu präsentieren.

Die Welt staunte und verlieh dem Mann aus den Bergen eine Goldmedaille. Die Jury hob die Qualität der Zahnräder hervor, lobte den Kronenaufzug sowie Le Coultres Grundsatz, stets Bauteile in standardisierter Größe zu verwenden, sodass bei einem Defekt jederzeit Ersatzteile zur Hand waren. Antoine kehrte heim mit dem Vorsatz, die Serienfertigung sofort in Angriff zu nehmen. Er stellte einige Uhrenarbeiter aus Genf ein – und leitete damit, ohne es zu wissen, zum dritten Mal sein familiäres und geschäftliches Unglück ein. Einer der Arbeiter nämlich, der dreißigjährige Jean Gallay, verliebte sich in Antoines neunzehnjährige Tochter Augustine und heiratete sie im Mai 1853. Wie es scheint, war der Patron froh, wieder einen Verwandten in der Werkstatt zu haben, dem er die Verantwortung in Geldangelegenheiten überlassen konnte. Er beförderte den Schwiegersohn zum gleichberechtigten Partner, worauf dieser mit der jungen Gattin nach Genf zurückkehrte und unter dem Namen «Antoine Le Coultre & Fils» den Hauptsitz der Firma an der vornehmen Rue du Mont Blanc einrichtete. Von da an war Antoine nur noch Zulieferer, der Schwiegersohn aber beschäftigte Buchhalter, Ausläufer, Handelsreisende sowie zahlreiche Arbeiter für die Endmontage und verschickte Uhren nach Paris und Amerika. Leider stellte sich heraus, dass er sich nicht besser zum Geschäftsmann eignete als der Schwiegervater. Jean Gallays Atelier in Genf verschlang mehr Geld, als es einbrachte; und weil auch Antoines Arbeiter im Jura zu viel kosteten und zu wenig leisteten, war das junge Unternehmen bald bei Banken und Zulieferern verschuldet. Als dann auch noch ein wichtiger Kunde aus den USA seine Zahlungen einstellte, begannen sich unbezahlte Rechnungen, Zahlungsbefehle und Beitreibungen zu türmen. Im Frühling 1858 stand der Gerichtsvollzieher vor der Tür, die Firma war am Ende. Antoine musste sein ganzes Hab und Gut samt seiner eigenen goldenen Taschenuhr einsetzen, um den Konkurs zu vermeiden. Der bitterste Augenblick kam im Juli 1860: Um die letzten ungedeckten Schecks des Schwiegersohns zu begleichen, musste er den Landbesitz der Familie, der seit Jahrhunderten Eigentum des Erstgeborenen gewesen war, verkaufen – und zwar ausgerechnet an seinen kleinen Bruder Ulysse, von dem er sich im Streit getrennt hatte. Antoine war zum dritten Mal ruiniert. Alles, was dem Siebenundfünfzigjährigen blieb, waren seine geliebten Maschinen und die hundert Arbeiter, denen er den Lohn nicht mehr zahlen konnte.

Trotzdem baute er unbeirrt weiter an seinen Maschinen. In einem Alter, in dem andere an den Ruhestand denken, suchte er ein viertes Mal Hilfe für einen Neuanfang – diesmal endlich außerhalb der Familie, bei Leuten, die etwas von Geschäften verstanden. Tatsächlich gab es im Jura und am Genfersee einige erfolgreiche Industrielle, die Mitleid hatten mit dem genialen Konstrukteur und unglücklichen Geschäftsmann. Am 20. Oktober 1860 wurde die Firma Le Coultre im Hôtel de Londres in Yverdon ein viertes Mal gegründet, diesmal als Kommanditgesellschaft. Die Aktionäre steuerten das nötige Geld bei, Antoine seine Maschinen. Dafür erhielt er 62 der 142 Aktien und eine Anstellung als technischer Direktor. Die Verantwortung für die Geldangelegenheiten musste er einem erfahrenen Kaufmann überlassen, welcher wiederum alle paar Tage dem Aufsichtsrat über den Geschäftsgang zu berichten hatte.

Das war der Anfang der goldenen Jahre Antoine Le Coultres. Aller kommerziellen Verantwortung ledig, erfand er im Vallée de Joux ein Walzwerk zum Auskehlen von Gehäusedeckeln und dachte über einen Mechanismus nach, der es erlauben würde, über die Krone die Uhr nicht nur aufzuziehen, sondern auch zu richten. Anfangs liefen die Geschäfte noch schleppend, bis alte Schulden abgetragen, neue Absatzmärkte gefunden und unnötige Kosten abgebaut waren. Aber dann begann die hundertjährige Herrschaft der Schweizer Uhrenindustrie über den Weltmarkt, und eine unersättliche Nachfrage nach Antoine Le Coultres Präzisionsteilen setzte ein. 1867 wurde die Fabrik erweitert und eine erste Dampfmaschine installiert, die mit einheimischem Torf beheizt wurde und eine Leistung von drei Pferdestärken erreichte. Nacheinander traten Antoines Söhne Elie, Paul und Benjamin ins Unternehmen ein und bewiesen nicht nur Sinn für Mechanik, sondern auch eine Nase fürs Geschäft. Die drei verdienten sehr rasch sehr viel Geld und kauften damit klugerweise nach und nach die Aktien ihres eigenen Unternehmens zurück; es dauerte siebzehn Jahre, bis die Firma wieder ganz im Besitz der Familie war.

Der Gründer selbst zog sich 1877 mit vierundsiebzig Jahren aus der Firmenleitung zurück, um sich auf seine alten Tage ausschließlich seiner liebsten Beschäftigung zu widmen – dem Erfinden von Maschinen. Seine Gattin Zélie erzählt in ihren Memoiren: «Sämtliche Winter- und etliche andere Abende opferte er der Entwicklung von Fräsen für Zahnräder. Natürlich hatte er solche Fräsen schon früher gemacht, aber jetzt wollte er noch viel kleinere Zahnräder herstellen. Es gelang ihm tatsächlich, eine Spezialmaschine zu konstruieren, aber sie arbeitete zu wenig genau. Es ist unglaublich, wie viel Geduld und Arbeit er dafür aufwandte, und schließlich kam er ans Ziel. Aber die Anstrengung war zu viel für sein Alter – er erlitt einen Schlaganfall. Am 26. April 1881 wurde mir mein geliebter Gatte im Alter von 78 Jahren und 10 Tagen genommen.»

Jaeger-Le Coultre – Die Geschichte

1120
Erste menschliche Siedlungen im Vallée de Joux. Mönche des Prämonstratenserordens roden Land am östliche Ende des Sees «Joux» (altfranzösisch: Wald).

1480
Im Tal entstehen erste Bergwerke, in denen Eisenerz abgebaut wird. Aus dem Eisen stellen die Schmiede Werkzeug für die Bauern und Waldarbeiter sowie Hufeisen für die Pferde her.

1559
Pierre Le Coultre flieht aus seinem Heimatdorf Lizy-sur-Ourcq bei Paris vor der katholischen Verfolgung ins protestantische Genf. Nach kurzer Zeit lässt er sich im Vallée de Joux nieder, rodet Land und betreibt Land- und Forstwirtschaft. Le Coultre ist einer von Tausenden von Hugenotten, die im 16. und 17. Jahrhundert an den Genfersee ziehen und die Uhrmacherkunst mitbringen.

1730
Der Hufschmied, Bauer und Bienenzüchter Abraham-Joseph Le Coultre gründet die Schmiede, aus der die Uhrenfabrik Jaeger-Le Coultre hervorgehen wird.

1740
Die Bewohner des Tals beginnen mit der Herstellung von Rohwerken, Zifferblättern und Trieben für die Genfer Horlogiers; sie erfinden immer kompliziertere Schlagwerkmechanismen und werden zu Spezialisten im Schleifen von Rubinen und Diamanten, die als Halterungen von Zahnradachsen in die Uhrwerke eingebaut werden.

1833
Antoine Le Coultre (1803–1881) gründet mit Bruder Ulysse im Obergeschoss der väterlichen Schmiede seine Uhrenmanufaktur. Nach vier Jahren bauen die Brüder ihre eigene Werkstatt, die auch 170 Jahre später noch das Herzstück von Jaeger-Le Coultre sein wird.

1844
Antoine Le Coultre erfindet das präziseste Messinstrument seiner Zeit, das Millionometer. Es trägt entscheidend bei zur Präzision und Zuverlässigkeit schweizerischer Uhrwerke.

1847
Le Coultre erfindet als einer der Ersten ein System für den Kronenaufzug, der die Schlüssel fürs Aufziehen der Uhr überflüssig macht.

1858
Antoine Le Coultres ältester Sohn Elie tritt in die Manufaktur ein und tut sich bald wie sein Vater als Uhrmacher und Erfinder hervor. Er entwickelt neue Produktionsverfahren und erfindet komplizierte neue Kaliber. Unter seiner Leitung wird der Familienbetrieb zur wichtigsten Manufaktur im Vallée de Joux.

1877
Der Firmengründer tritt seine Anteile an die Söhne Elie, Paul und Benjamin ab.

1881
Antoine Le Coultre stirbt achtundsiebzigjährig nach einer letzten Erfindung.

1883
Lange vor der Elektrifizierung der Städte installiert die Manufaktur in ihren Werkstätten elektrisches Licht. Die Energie liefert die hauseigene Dampfmaschine.

1900
Elie Le Coultres Sohn Jacques-David (1875–1948) übernimmt nach dreijähriger Uhrmacherlehre die Leitung der Ateliers und sechs Jahre später die der ganzen Firma.

1903
Jacques-David Le Coultre erfährt vom Plan des französischen Uhrmachers Edmond Jaeger, extrem flache Uhren herzustellen. Er fährt mit dem Fahrrad zwanzig Kilometer zum nächsten Telefon, um Jaeger in Paris anzurufen. Die zwei Männer beschließen eine Zusammenarbeit und freunden sich an.

1907
Le Coultre kreiert die flachste Uhr der Welt. Das Taschenuhrwerk mit Handaufzug misst 1,38 Millimeter Höhe bei einem Durchmesser von 39,54 Millimetern.

1915
Jaeger und Le Coultre entwickeln gemeinsam Messgeräte für die entstehende Luftfahrt und Automobilindustrie. Chronographen, Autopiloten und Goniometer der Marke Jaeger bestücken die alliierte Luftwaffe im Ersten Weltkrieg.

1928
Zeit der großen Erfindungen: Die Atmos-Pendule (1928) ist nahezu ein Perpetuum mobile. Sie bezieht ihre Antriebsen-

ergie aus den Temperaturschwankungen in der Luft. 1929 entsteht das kleinste Uhrwerk der Welt: Es wiegt knapp ein Gramm und besteht aus 74 Teilen. Königin Elizabeth II. wird bei ihrer Krönung eine Schmuckuhr mit diesem Uhrwerk tragen. Es folgt die Acht-Tage-Armbanduhr mit zwei Federhäusern (1931) und die Reverso (1931), eine um die Vertikalachse drehbare Armbanduhr.

1937
Die Firmen Jaeger und Le Coultre fusionieren nach langjähriger Zusammenarbeit. Von nun an tragen alle Uhren das Markenzeichen Jaeger-Le Coultre.

1938
Jaeger-Le Coultre entwickelt die mechanische Miniaturkamera Compass, die sich bei Spionen großer Beliebtheit erfreut.

1943
Die Manufaktur zählt über 700 Beschäftigte. Acht sind seit über vierzig Jahren in der Firma tätig, drei sogar seit sechzig Jahren.

1953
Jaeger-Le Coultre erfindet die erste automatische Uhr, die keine Aufzugskrone für das Ingangsetzen benötigt. Das Uhrwerk bewahrt immer genügend Gangreserve, um auch nach längerem Stillstehen wieder in Gang zu kommen.

1974
Billige Quarzuhren aus Asien erobern den Weltmarkt und führen zum Zusammenbruch der Schweizer Uhrenindustrie. Nur 600 von 2000 Uhrenfabriken überleben, die Zahl der Beschäftigten sinkt von 90 000 auf 35 000. Ende der siebziger Jahre ist auch Jaeger-Le Coultre vom Untergang bedroht.

1978
Die deutsche Industriegruppe VDO (später Mannesmann) übernimmt die Aktienmehrheit von Jaeger-Le Coultre.

1985
Renaissance der mechanischen Uhr im Luxussegment. Für Jaeger-Le Coultre zahlt es sich aus, dass die Manufaktur während des Quarzuhrenbooms an der Produktion mechanischer Uhren festgehalten hat. Vor allem dank der Neulancierung der Reverso versechsfacht sich der Umsatz zwischen 1987 und 1998.

1999
Jaeger-Le Coultre produziert mit 780 Beschäftigten 50 000 Uhren pro Jahr und erzielt einen Umsatz von 202 Millionen Franken. Der Absatz konzentriert sich vor allem auf Europa (68%) und Asien (20%); der Rest verteilt sich auf die USA, Lateinamerika und den Nahen Osten.

2000
Die deutsche Mannesmann-Gruppe verkauft ihre Aktienmehrheit an Jaeger-Le Coultre, IWC und Lange & Söhne zu einem Gesamtpreis von drei Milliarden Franken an den südafrikanisch kontrollierten Schmuck- und Luxusuhrenkonzern Richemont.

2006
Rückkehr zu alter Größe: Die Manufaktur hat über 900 Mitarbeiter, so viele wie noch nie. Der Umsatz ist laut Pressemeldungen allein 2004 um 20 Prozent auf 240 Millionen Franken gestiegen. Jaeger-Le Coultre gehört zu den wenigen verbliebenen echten Schweizer Manufakturen, die ihre mechanischen Uhrwerke noch von A bis Z in den eigenen Ateliers herstellen.

Henri Nestlé

Je länger Henri Nestlés Ehe kinderlos blieb, desto größer wurde die Kinderliebe seiner Gattin Clementine. Um ihr im Kampf gegen die stetig steigende Kindersterblichkeit beizustehen, erfand er 1867 in Vevey «Nestlés Kinderpulver» und begründete den größten Nahrungsmittelkonzern der Welt.

Als ihm der große Wurf gelang, war er schon dreiundfünfzig Jahre alt und hatte eine lange, mäßig erfolgreiche Karriere als Tüftler und Handelsmann hinter sich. Geboren war er kurz nach dem letzten napoleonischen Krieg, am 10. August 1814 in Frankfurt am Main, als elftes von vierzehn Kindern eines wohlhabenden Glasermeisters und Glaswarenhändlers. Fünf seiner Geschwister waren schon vor seiner Geburt gestorben – vielleicht auch dies ein Grund dafür, dass er sich der Herstellung gesunder Kindernahrung zuwandte.

Kurz nach dem fünfzehnten Geburtstag begann Henri – der damals noch Heinrich hieß und keinen französischen Akzent auf dem Familiennamen trug – eine Lehre in der Brücken-Apotheke in Frankfurt. Die nächsten vier Jahre verbrachte er damit, Kräuter, Knochen und Essenzen zu trocknen, zerreiben, wiegen, mischen, kochen, filtrieren, schmelzen und zu destillieren.

Die Dreißigerjahre des 19. Jahrhunderts waren eine Zeit des Aufbruchs, in ganz Europa wie auch in Frankfurt: Die

Industrialisierung schritt mächtig voran, das Bürgertum wurde selbstbewusst, weite Kreise forderten eine Rückkehr zu den bürgerlichen Errungenschaften der Französischen Revolution, zu Freiheit von Handel und Gewerbe wie auch der Niederlassungs- und Pressefreiheit. Dieser neue Geist setzte sich nicht nur in den Köpfen der Menschen fest, sondern hielt auch in der Frankfurter Altstadt augenfällig Einzug. Der junge Heinrich Nestle beobachtete, wie die mittelalterlichen Pumpbrunnen durch moderne Wasserleitungen ersetzt wurden und die einstmals dunklen Gassen taghell erleuchtet wurden von modernen Gaslampen.

Die Dreißigerjahre waren aber auch eine Zeit zunehmender Unterdrückung. Fürst Metternich bekämpfte alle liberalen Bewegungen, verbot die Studentenverbindungen der bürgerlichen Jugend, führte eine präventive Pressezensur ein und ließ Oppositionelle einsperren. In Frankfurt verteilten die Aufständischen Flugblätter; es kam zu Revolten und Scharmützeln mit der Polizei, und am 3. April 1833 besetzten jugendliche Bürger das Bundesparlament.

Ob Heinrich mit dabei war, weiß man nicht. Sicher ist, dass er wenig später, als das Militär mit eiserner Faust die öffentliche Ordnung wiederherstellte, seine Lehr- und Wanderjahre antrat und ihn sein Weg bald in die republikanische, antiroyalistische Schweiz führte. Im November 1839 ließ sich der Fünfundzwanzigjährige in Vevey am Genfersee nieder, trat eine Stelle als Gehilfe beim Apotheker Marc Nicollier an und nannte sich von da an nicht mehr «Heinrich Nestle», sondern «Henri Nestlé». Er lernte perfekt Französisch und schloss Freundschaft mit den wichtigen Männern des lokalen Gewerbes. Nach vier Jahren erwarb er, noch keine dreißig Jahre alt, mit geliehenem Geld ein kleines Fabrikgebäude und machte sich selbstständig.

An Kindernahrung dachte er damals noch nicht. Henri Nestlé führte die wasserbetriebene Raps- und Nussölmühle weiter, die seine Vorgänger eingerichtet hatten, ebenso die Knochenstampfe zur Produktion von Knochenmehldünger und die Sägerei, mit der er Baumstämme zu Bauholz verarbeitete. Nebenbei brannte er Schnaps und stellte Essig her. Und weil das alles nicht zur Deckung seines Unterhalts und der Schuldzinsen reichte, ließ er eine Wasserleitung zu seiner Fabrik legen, um Mineralwasser in Flaschen abzufüllen, mit Kohlensäure anzureichern und Süßstoffe beizufügen. Soweit bekannt, war Henri Nestlé der erste gewerbsmäßige Limonadehersteller der Schweiz. Aber damit nicht genug: Als die Stadt Vevey eine Straßenbeleuchtung mittels Gaslampen einführen wollte, bewarb er sich um einen Liefervertrag für das Gas, das er aus Öl und Knochen gewinnen wollte, und erhielt den Zuschlag.

Öl, Dünger, Schnaps, Essig, Limonade, Holz, Gas – das war eine beachtliche Produktpalette für einen jungen, meist allein arbeitenden Unternehmer. Trotzdem oder gerade deswegen verdiente er damit nicht sonderlich viel Geld; denn bei dieser Vielfalt war eine rationelle Produktion nicht möglich, und für den Vertrieb der Waren blieb keine Zeit. In seinen ersten zwanzig Jahren als Unternehmer verdiente Nestlé zwar etwas mehr als ein Lehrer, aber deutlich weniger als ein Apotheker.

Immerhin gelang es ihm über die Jahre, seine finanzielle Lage so weit zu festigen, dass er ans Heiraten denken konnte. Im respektablen Alter von sechsundvierzig Jahren führte er die neunzehn Jahre jüngere Frankfurter Arzttochter Clementine Ehemant vor den Traualtar, und im Mai 1860 bezog das Paar ein Wohnhaus auf dem Fabrikgelände. Clementine war eine Frau mit feinen Gesichtszügen und melancholischem Blick, die sehr gut Klavier spielte, sich hauptsächlich von leichten Süppchen ernährte und wegen ihrer empfindlichen Augen wochenlang weder lesen, schreiben noch mit anderen Menschen gesellschaftlichen Umgang pflegen konnte. Am meisten aber litt sie unter dem Umstand, dass ihr der sehnlichst erwünschte Kindersegen verwehrt blieb. Ereignislos verging nach der Hochzeitsnacht Monat um Monat, dann Jahr um Jahr; schließlich fasste sie eine übersteigerte Zuneigung zu den Kindern von Freunden, Bekannten und Fabrikangestellten. Sie nahm Anteil am Heranwachsen der «lieben Kinderchen», organisierte Weihnachtsfeste und schickte nach dem Arzt, wenn ein «liebes Kind» krank war.

Bei aller großbürgerlichen Schwärmerei aber besaß Clementine einen scharfen Blick für das Elend, in dem ein Großteil der Kinder heranwuchs; ihr Vater hatte als katholischer Armenarzt in Frankfurt jahrelang vergeblich für eine bessere Gesundheit der Besitzlosen gekämpft. So hatte sie hautnah miterlebt, dass die Segnungen der neuen Zeit nicht allen Menschen zugute kamen. In Europa war die Kindersterblichkeit im 19. Jahrhundert deutlich gestiegen, und zwar als direkte Folge der Verstädterung und Industrialisierung; zu Hunderttausenden hatten die Menschen ihre unrentablen Bauernhöfe verlassen, um in den Fabriken zwölf, vierzehn und sechzehn Stunden täglich ums Überleben zu schuften. Sie hausten in beengten Mietskasernen unter hygienischen Bedingungen, die jeder Beschreibung spotteten, und weil die Mütter wie die Väter in die Fabriken gezwungen wurden, fehlte ihnen die Zeit, ihre Säuglinge zu stillen und den Größeren gesunde Mahlzeiten zuzubereiten. Hinzu kam, dass in den besseren Kreisen das Stillen plötzlich als unfein galt, weshalb wohlhabende Damen gern Bäuerinnen oder Arbeiterinnen als Ammen engagierten – welche ihrerseits gezwungen wurden, ihre eigenen Kinder ins Asyl zu bringen. Dort aber starben die meisten an einseitiger Ernährung oder unsauberem Wasser. In München waren 1870 fünfundachtzig Prozent aller im ersten Lebensjahr verstorbenen Kleinkinder künstlich ernährte «Päppelkinder». In einem New Yorker Kinderheim betrug die Sterblichkeit 1865 fünfundachtzig Prozent, wobei meist nur jene Kinder überlebten, die dem Heim durch Adoption entkamen.

Diesen Missstand hatten Ärzte und Apotheker schon Jahrzehnte vor Nestlé erkannt und Pläne für eine ausgewogene Kleinkindnahrung entwickelt. Ziemlich bald herrschte Einigkeit über die Zutaten, die ein gesunder Kinderbrei enthalten sollte: erstklassige Kuhmilch, Getreidemehl sowie Malz oder Kaliumbikarbonat zur besseren Verdaulichkeit. Diese Erkenntnis, die im Wesentlichen heute noch gilt, war Mitte des 19. Jahrhunderts einem breiten Kreis von Ärzten und Heimleitern bekannt. Das Problem war, dass die empfohlenen Zutaten schwer zu beschaffen und teuer, oft von schlechter Qualität und bakteriologisch verunreinigt waren.

All das wusste auch Clementine Nestlé. Sie war entschlossen, das Übel an der Wurzel, bei der Ernährung, zu packen. Sehr wahrscheinlich wies Clementine ihren Henri irgendwann in den ersten Ehejahren darauf hin, dass es weltweit auf dem Markt keine hochwertige, leicht zubereitbare Kindernahrung gebe, und mit Sicherheit erkannte er von Anfang an, welch gewaltige Verdienstmöglichkeiten sich mit dieser Marktlücke eröffneten.

Wie lange Henri Nestlé an der Aufgabe tüftelte, ist nicht bekannt. Sicher ist, dass er im Sommer 1867 ein Verfahren fand, das seinen hohen Ansprüchen genügte. Er vermischte beste Waadtländer Alpenmilch mit Zucker in einem luftdicht abgeschlossenen Kupferkessel auf fünfhundert Grad und zog Dampf und Luft aus dem Innern des Kessels, bis die gezuckerte Milch die Konsistenz von Honig aufwies. Gleichzeitig buk er aus Wasser und Weizenmehl ein zwiebackähnliches Brot, vermahlte es zu Pulver und mischte dieses mit der eingedickten Milch. Die so entstandene Paste wurde getrocknet, gemahlen, gesiebt und mit Kaliumbikarbonat ergänzt. Zuletzt wurde das fertige Kindermehl in Kartonbüchsen abgefüllt, mit Etiketten versehen und in Kisten zu fünfzig Stück versandbereit verpackt.

Nestlé ließ umgehend alle anderen Geschäftszweige fallen und setzte voll auf das Kindermehl. In den ersten zehn Monaten besorgten Henri und Clementine ganz allein die Produktion von der Rohstoffbeschaffung bis zum Versand der Ware, unterstützt nur von einem Neffen, der aus Frankfurt zugezogen war. Zwei bis drei Dutzend Büchsen täglich verließen die Fabrik.

Henri Nestlé war überzeugt, dass er das bestmögliche Produkt erfunden hatte. Die Schwierigkeit bestand darin, das Kindermehl unter die Leute zu bringen. Da kam Nestlé der Zufall zu Hilfe, als er im Herbst 1867 ans Krankenbett eines Babys gerufen wurde. «Infolge einer schweren Krankheit seiner Mutter kam der kleine Wanner einen Monat zu früh auf die Welt», erinnert er sich später. «Das schwächliche Kind nahm weder Muttermilch noch andere Nahrung an. Man hatte schon alle Hoffnung aufgegeben, als mir mein Freund, Professor Schnetzler, den Fall darlegte und mich bat, einen Versuch mit meinem Kindermehl zu machen.» Henri Nestlé nahm das Wagnis auf sich, den Kleinen mit seinem Produkt zu füttern – woraufhin dieser sich in kürzester Zeit bestens erholte. «Er war bis jetzt noch nie krank und ist heute ein strammer Junge von sieben Monaten, der sich schon ganz alleine in seiner Wiege aufrichtet.»

Der Erfolg sprach sich am Genfersee herum. Immer öfter bestellten verzweifelte Mütter Nestlés Kindermehl für ihre Säuglinge; von immer weiter her orderten Hebammen und Ärzte ein paar Büchsen zur Probe. Nestlé erkannte, dass die kleingewerbliche Familienproduktion keine Zukunft hatte. Er träumte von einer «kolossalen Fabrik» und weltweiten Absatzmärkten, bestellte neue Maschinen, organisierte den Export in alle Welt. Aus dem Familienwappen seiner schwäbischen Vorfahren (Näschtle: kleines Nest) kreierte er das Nestlé-Logo, das heute noch jede Kondensmilchtube ziert: ein Vogelnest mit einem Muttertier, das seine Jungen füttert.

«Wie Lawinen» seien die Bestellungen auf ihn hereingestürzt, sagte Nestlé. Im Jahr 1868 stellte er 8600 Büchsen her, 1874 schon 670 000 und ein Jahr später über eine Million. Binnen weniger Jahre verbreitete sich die Marke mit dem Vogelnest über sämtliche Kontinente, mit eigenen Verkaufsvertretern in den USA, in Kanada, Brasilien, Russland, Australien, Niederländisch-Indien und dem Osmanischen Reich.

Bald aber hatte Nestlé gegen kritische Stimmen anzukämpfen, die auch hundert Jahre später wieder laut werden sollten: dass das Unternehmen aus kommerziellen Gründen Mütter davon abhalte, ihren Säuglingen die Brust zu geben. Mit Recht wies Henri Nestlé auf seine weit gestreute Lehrschrift hin, in der er ausdrücklich schrieb: «Muttermilch wird in den ersten Monaten immer die natürlichste und beste Nahrung bleiben, und jede pflichtgetreue Mutter muss ihr Kind selbst stillen, wenn sie in dem

Falle ist, es thun zu können.» Wahr ist aber auch, dass er in Zeitungsinseraten zuweilen durchaus darauf anspielte, dass sein Kindermehl die Muttermilch ersetzen könne.

Sieben Jahre lang arbeiteten Henri und Clementine Nestlé von frühmorgens bis spätabends in ihrer Fabrik, die bereits über dreißig Angestellte verfügte, ständig weiterwuchs und ihnen in kurzer Zeit großen Wohlstand gebracht hatte. Henri war jetzt sechzig Jahre alt und noch bei guter Gesundheit, Clementine knapp über vierzig. Ende 1874 beschloss der kinderlose Nestlé, dass es genug sei, und suchte einen Käufer für sein Lebenswerk. «Ich brauche Ruhe und meine Frau nicht minder», schrieb er einem Freund. Eine Gruppe von Geschäftsleuten aus Vevey bot ihm eine Million Franken für die Firma und als Dreingabe einen prächtigen Zweispänner. Im Kaufpreis inbegriffen sein sollte die Marke samt Vogelnest, Henri Nestlés Name ebenso wie seine Unterschrift, mit der er jede einzelne Kindermehlbüchse zu signieren pflegte. Mit dem Kaufvertrag vom 8. März 1875 verpflichtete er sich, künftig nicht mehr als «Henri Nestlé», sondern als «Nestlé-Ehemant» zu unterschreiben, was er mit Fassung trug: «Da ich meinen Namen verkauft habe, musste mir meine Frau zu einem neuen verhelfen.»

Seinen Lebensabend verbrachte der ehemalige Apothekerlehrling im Stil eines reichen Landadligen. Er erwarb Ländereien und eine herrschaftliche Villa über dem Genfersee und spendete Geld für gute Zwecke. Er fuhr gern mit der Kutsche aus und zeigte sich in der Öffentlichkeit ausschließlich in weißer Kleidung. Am 7. Juli 1890 starb er kurz vor seinem sechsundsiebzigsten Geburtstag nach kurzer Krankheit. Seine Frau Clementine überlebte ihn um zehn Jahre in stiller, aristokratischer Zurückgezogenheit.

Nestlé – Die Geschichte

1867
Henri Nestlé erfindet in Vevey die erste hochwertige, einfach mit abgekochtem Wasser zubereitbare Kindernahrung. Im ersten Jahr verkauft er 8600 Büchsen, acht Jahre später schon eine Million in alle Welt.

1875
Henri Nestlé verkauft die Firma für eine Million Franken an eine Gruppe von einheimischen Geschäftsleuten und genießt einen feudalen Lebensabend. Die neuen Besitzer gründen eine Aktiengesellschaft und bauen neue Fabriken und Lagerhallen, um die stetig steigende Nachfrage befriedigen zu können. Die Firma berät Bauern bei der Viehfütterung und überwacht die Sauberkeit der Ställe und Milchsammelstellen.

1878
Ein Konkurrent tritt auf den Plan: Die Anglo-Swiss Condensed Milk Company aus Cham (ZG) lanciert ein eigenes Kindermehl. Nestlé schlägt zurück und nimmt ihrerseits die Produktion von Kondensmilch auf. Ein mörderischer Preiskampf setzt ein. Um Zollschranken zu umgehen, baut Nestlé Fabriken in Deutschland, Spanien und England.

1905
Nestlé fusioniert mit der Anglo-Swiss Condensed Milk Company. Beide Unternehmen bringen je neun Fabriken ein, Ang-

lo-Swiss jedoch deutlich mehr Mittel. Aber der Name der neuen Firma – «Nestlé and Anglo-Swiss Condensed Milk Company» erweist sich als zu lang für den Alltag. in der Umgangssprache setzt sich «Nestlé» als Kurzform durch.

1914
Mit Beginn des Ersten Weltkriegs steigt die Nachfrage nach Milchprodukten gewaltig. Frischmilch wird knapp. Die Firma kauft und gründet zahlreiche Fabriken auf allen Kontinenten.

1921
Nestlé gerät wegen zu rascher Expansion in die erste und bei weitem stärkste Krise der Firmengeschichte. Die Lager sind randvoll, es muss mit hohen Verlusten zu Baisse-Preisen verkauft werden. Fabriken werden geschlossen und verkauft. Der Wert der Aktie fällt von 1020 auf 145 Franken. Ab 1922 erholen sich die Firma und der Aktienkurs.

1929
Nestlé fusioniert mit den Westschweizer Schokoladeproduzenten Peter, Cailler und Kohler Chocolats Suisses S.A.

1938
Nestlé bringt das wasserlösliche Kaffeepulver Nescafé auf den Markt, das in den Schweizer Forschungslabors entwickelt wurde. Es ist das erste Nestlé-Produkt, das keine Milch enthält. Entstanden ist die Idee in Brasilien, wo wegen der Kaffeeschwemme jedes Jahr ein Teil der Ernte vernichtet werden musste.

194
Der Siegeszug von Nescafé in den USA setzt ein. Am Ende des Zweiten Weltkriegs ist Nestlé auch im Kaffeesektor eine Weltfirma.

1947
Um die Produktpalette auszuweiten, fusioniert Nestlé mit Maggi. Der Gesamtumsatz steigt von 833 Millionen Franken 1946 auf 1,34 Milliarden Franken im folgenden Jahr.

1962
Mit der Übernahme der schwedischen Findus steigt Nestlé ins Geschäft mit tiefgekühlten Nahrungsmitteln ein. Gleichzeitig wird das Netz der Nestlé-Fabriken auf Afrika ausgeweitet. In der Hochkonjunktur der sechziger und frühen siebziger Jahre erlebt das Unternehmen ein starkes Wachstum und übernimmt zahlreiche weitere Firmen: das französische Vittel-Mineralwasser, die Libby's-Konserven in den USA, Gerber-Schmelzkäse aus Pontarlier, den Schweizer Milchkonzern Ursina-Franck.

1974
Erstmals engagiert sich Nestlé außerhalb des Nahrungsmittelsektors: Mit dem Kosmetikkonzern L'Oréal wird eine enge Kooperation in Forschung und Vertrieb beschlossen. Beide Unternehmen bleiben aber unabhängig. In den folgenden Jahren übernimmt Nestlé u. a. den französischen Joghurt-Hersteller Chambourcy, den italienischen Teigwaren-Produzenten Buitoni mit dem Baci-Schokoladehersteller aus Perugia.

1984
«Nestlé tötet Babys»: In den siebziger und achtziger Jahren sieht sich Nestlé einer weltweiten Boykottkampagne ausgesetzt. Drittweltaktivisten werfen dem Unternehmen vor, es würde mit aggressiver Werbung die Mütter in der Dritten Welt davon abhalten, ihre Kinder zu stillen. Viele Kinder müssten sterben, weil kein sauberes Wasser zur Zubereitung der Babynahrung zur Verfügung stehe. Der Boykott endet mit einer Einigung zwischen Nestlé und den Initianten.

1988
Übernahme der britischen Rowntree, der weltweit viertgrößten Herstellerin von Süßigkeiten (Kitkat, Smarties, After Eight). Es ist Nestlés erste unfreundliche Übernahme, das heißt der erste Kauf gegen den Willen der Besitzer.

1990
Nestlé verstärkt seine Position auf dem Mineralwassermarkt mit dem Kauf von Perrier. 1994 kommen die italienischen Marken San Pellegrino und San Bernardo hinzu.

1999
Joint Venture mit Häagen-Dazs (USA). 2003 kauft Nestlé auch die Speiseeis-Abteilung von Mövenpick (CH).

2006
Nestlé ist der größte Nahrungsmittelkonzern der Welt und beschäftigt weltweit mehr als 250 000 Menschen in über 500 Fabriken. Der Jahresumsatz beträgt rund neunzig Milliarden Franken (2002), der Gewinn fast acht Milliarden Franken. Ein starkes Wachstum erwartet das Unternehmen in den kommenden Jahren vor allem auf dem Getränkemarkt.

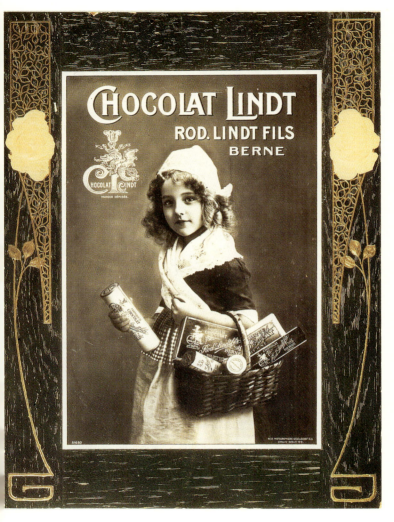

Handkoloriertes Kleinplakat, um 1880

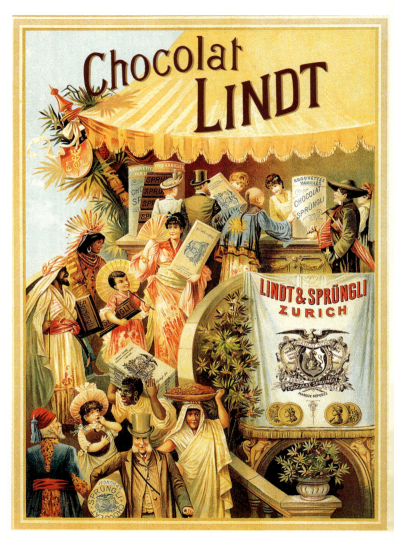

Kleinplakat, um 1890

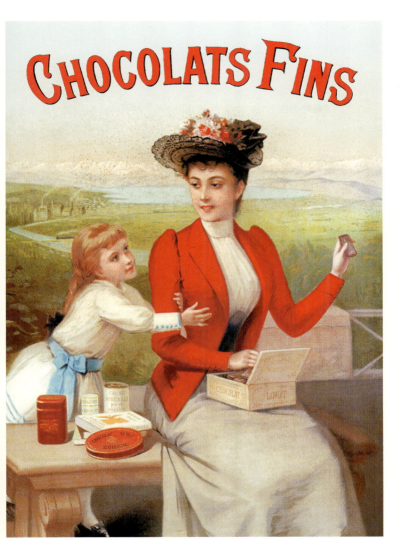

Werbeplakat, um 1890

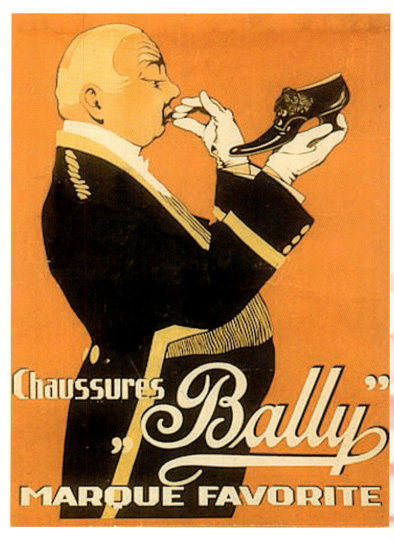

Werbeplakat, um 1910

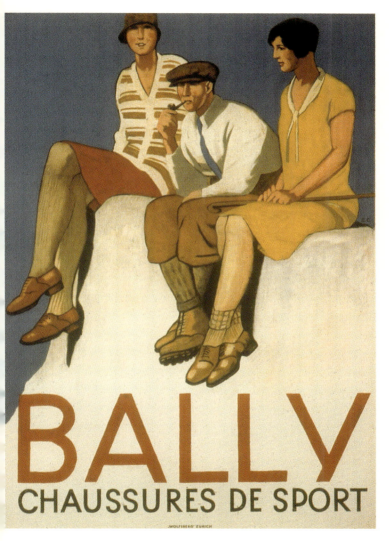

Werbeplakat, um 1930

Werbeplakat, um 1907

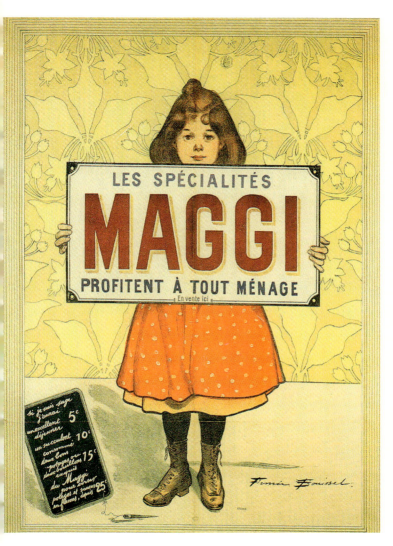

Werbeplakat, um 1898

Anzeige, 1952

Anzeige, 1945

Werbeplakat, um 1897

Werbeplakat, Ende 1920er Jahre

Werbeplakat, nach 1923

Werbeplakat, Ende 1930er Jahre

Postkarte, um 1900

Anzeige, 1952

Johann Jacob Leu

Um 1750 war Zürich noch nicht «die kleinste Weltstadt der Welt», wie sie sich heute gerne nennt, sondern ein grimmig protestantischer Gottesstaat, der von einer Hand voll religiöser Eiferer mit eiserner Faust regiert wurde. Den knapp zehntausend Menschen, die in den düster mittelalterlichen Gassen lebten, war fast alles bei Strafe verboten: Seidene Bettwäsche war verboten. Porzellangeschirr war verboten. Kokette Kleidung war verboten. Silberne und goldene Schuhschnallen waren verboten. Lange Haare und Perücken waren verboten. Weiße Handschuhe waren verboten. Das Fluchen war verboten. Gesang und Tanz, wenn von der Obrigkeit nicht ausdrücklich angeordnet, waren verboten. Den Kindern war das Kegeln, Wetten, Murmelspiel und Stöckeln sowie nächtliches Schlittenfahren und das Soldatenspielen untersagt. Den Unverheirateten war die Liebe verboten. Trunksucht, Spiel und Völlerei waren verboten, Müßiggang und Bettelei ebenso. Seiltanzen war verboten. Es war verboten, liederliches Volk zu beherbergen. Tabak war verboten, weil er erstens zur Erhaltung menschlichen Lebens nicht nötig, zweitens ungesund und drittens feuergefährlich sei und viertens das Land zu viel Geld koste. Umgekehrt waren die meisten Dinge, die nicht verboten waren, Pflicht. Der tägliche Besuch der Messe war Pflicht. Um acht Uhr abends war in den Gaststuben

Polizeistunde, ab neun Uhr herrschte strikte Nachtruhe. Erwachsene Bürger gingen nachts auf Streife und wachten darüber, dass die jungen Leute sich ruhig verhielten und nicht rauften.

Wer es an Gottesfurcht oder Treue gegenüber der Obrigkeit mangeln ließ, wurde mit Geldbußen belegt oder ausgepeitscht, an der Schandsäule ausgestellt, des Landes verwiesen oder in den Kerker gesperrt. Und wer gar vom rechten Glauben abfiel, wurde in der Limmat ertränkt. In den Gassen patrouillierten Sittenwächter, Nachbarn bespitzelten ihre Nachbarn. Selbst die reichsten Bürger der Stadt hüllten sich in grobes, graues Tuch, um ja nicht aufzufallen; und wenn sie ein Haus bauten, legten sie großen Wert auf eine möglichst schlichte und schmucklose Fassade.

Während in den Nachbarstädten Bern und Basel das aufstrebende Bürgertum prächtige Renaissance- und Barockpaläste errichtete, bot Zürich einen bescheidenen, ja armseligen Anblick. Erst im Innern der Häuser, wo es das neidische Auge des Nachbarn nicht wahrnahm, wagten die Zürcher zu protzen: Da gab es Lüster und Leuchter, Stuckaturen, Spiegelsäle und Täfelungen, Wandmalereien und opulente Kachelöfen – und natürlich wurden im Schutz der Privatheit auch Feste gefeiert, bei denen geschlemmt, getrunken und gelacht werden durfte.

Denn bei aller äußerlichen Armseligkeit war Zürich schon damals schwer reich – gemessen an Einkommen und Vermögen pro Kopf der Bevölkerung wohl einer der reichsten Staaten der Welt. Zweihundert Jahre lang hatten die Einwohner in Frieden, Fleiß und Freudlosigkeit gearbeitet, Handel getrieben, Geld angehäuft und gleichzeitig davon profitiert, dass das übrige Europa unablässig in Schutt und Asche gelegt wurde. Während ringsum Religions- und Erbfolgekriege tobten, pflanzten die Zürcher Maulbeerbäume und züchteten Seidenraupen, verwoben die Fäden zu Strümpfen, Tüchern und Bändern und verkauften diese an die Fürsten- und Königshäuser aller Länder. Das brachte sehr viel Geld ein. Darüber hinaus lieferten die Bauern Vieh, Getreide und Käse zu Höchstpreisen ins kriegsversehrte Deutschland, und die jungen Burschen zogen gern als Söldner in fremde Kriegsdienste, um entweder auf dem Schlachtfeld zu sterben oder reich mit Kriegsbeute beladen heimzukehren.

Da sich das Geld im lustfeindlichen Zürich aber nur schwer verjubeln ließ, wuchs es zu großen Haufen an. Schon um 1600 verfügte die Stadt zusammengerechnet über ein steuerbares Vermögen von achtzehn Millionen Gulden – gut zehnmal mehr als hundert Jahre zuvor. Die Zürcher horteten ihr Geld in Schatullen, versteckten es unter den Bodenbrettern, verliehen es gegen Zins an Freunde und Verwandte. Aber irgendwann war einfach mehr Geld in der Stadt, als man brauchen konnte. Also liehen es die Bürger den Bauern, und zwar zum rechtgläubigen, vom Reformator Ulrich Zwingli festgelegten Maximalzins von fünf Prozent. Schon bald aber war die Zürcher Landschaft derart mit Geld überschwemmt, dass die Bauern wählen konnten, bei wem sie Geld für neue Wohnhäuser und Stallungen leihen wollten, weshalb die Geldgeber den Zins senken mussten, um ihr Geld überhaupt noch an den Mann zu bringen. Sobald vierprozentige Anleihen zu haben waren, nahmen die Bauern solche auf, um ihre fünfprozentigen Schulden zu bezahlen, worauf der Zinssatz auf drei Prozent fiel. Diese Abwärtsspirale war unangenehm für die Besitzer des Geldes, weshalb die Obrigkeit 1710 den fünfprozentigen Maximalzins zum gesetzlichen Mindestzins erhob und mit strengen Strafen gegen jeden drohte, der weniger Zins nahm oder gab. Da aber immer noch mehr Geld nach Zürich floss, hielten sich weder Gläubiger noch Schuldner an die Vorschriften, und der Kapitalmarkt geriet vollends aus den Fugen. Um 1700 war der Geldüberfluss nicht nur in Zürich, sondern in der ganzen alten Eidgenossenschaft ein ernstes Problem.

Das war die Welt, in die am 26. Januar 1689 Johann Jacob Leu, der Gründer der ältesten modernen Schweizer Bank, in Grüningen am Zürichsee geboren wurde. Der kleine Hans Jakob war Spross eines hoch angesehenen Zürcher Geschlechts und Sohn des Landvogts. Er wuchs auf dessen Schloss in protestantisch arbeitsamem Frieden auf, behütet von seiner zwei Jahre älteren Schwester Susanne und unterrichtet von einem Hauslehrer. Als er acht Jahre alt war, zog die Familie für zwei Jahre nach Locarno, wo der Vater die gemeineidgenössische Vogtei verwaltete. Zurück in Zürich, besuchte Hans Jakob die Lateinschule, dann das Collegium Humanitatis und das Carolinum. Bald zeigte sich, dass er die Tugenden seiner Vaterstadt – Fleiß, Selbstdisziplin, Ausdauer – in unglaublichem Maß auf sich vereinte. Als vierzehnjähriger Schüler verfasste er in liebevoller Schönschrift und zehnmonatiger Arbeit eine beinahe sechshundertseitige «Lebensbeschreibung des von Gott hocherleuchteten Hrn. Johan Jacob Breitingers gewesnen treüeyffrigsten Pfarrers zum Großen Münster in Zürich». Der vom jugendlichen Biographen derart eifrig Portraitierte hatte 1624 in Zürich ein Verbot jeglichen Theaterspiels erwirkt, allerlei neue Buß- und Bettage eingeführt und sämtliche kirchlichen Feiertage außer Weihnachten, Ostern und Pfingsten abgeschafft.

Bei aller Lustfeindlichkeit aber wehte auch ein frischer Wind durch Zürichs Gassen; denn Ulrich Zwinglis Protestantismus hatte nicht nur ein rigides Regime hervorgebracht, sondern die Menschen auch vom Wahrheitsmonopol der römisch-katholischen Kirche befreit. Zwar waren in Zürich die Gedanken alles andere als frei, aber unter dem grauen Schleier des Gottesstaates gediehen doch, wie andernorts in Europa, die Blüten der Renaissance, des Humanismus und der beginnenden Aufklärung. Es war die Zeit, da in London Isaac Newton die Grundlagen der modernen Physik schuf. In Hannover vertrat der Philosoph Gottfried Wilhelm Leibniz die Ansicht, dass die Welt die «beste aller Welten» sei. In Basel erklärte der Mathematiker Jacob Bernoulli den «alten Mütterchen, Gerngläubigen und Laien», dass ein Komet keine Warnung Gottes, sondern ein glühender Klumpen Geröll sei. Und weil die Aufklärer hofften, den Menschen mittels Vernunft zum Licht und zur Freiheit zu führen, trugen sie ihr Wissen in umfangreichen Enzyklopädien zusammen.

Im Sommer 1705 begleitete Hans Jakob Leu den Zürcher Universalgelehrten und Enzyklopädisten Johann Jakob Scheuchzer zusammen mit fünf anderen Studenten auf eine Forschungsreise durch die Schweizer Alpen. Ziel der Expedition war eine umfassende naturkundliche Beschreibung der Bergwelt. Der sechzehnjährige Leu war für die Reisekasse verantwortlich und hatte die Aufgabe, die Lebensweise der Alpenvölker festzuhalten. Er tat das mit der ihm eigenen Gewissenhaftigkeit und Akribie. Die Glarner beispielsweise, so schrieb er in sein umfangreiches Reisetagebuch, seien «ein schön, freundlich, muthig und streitbar Volk, auch darnebend civilisirt»; die Bewohner Graubündens hingegen «gebrauchen sich der Churwelscher

Sprach, sind große, starke, uncivilisirte Leüth, die ihrem Vieh nachziehen und sich im übrigen vilen anderen Sachen nit annehmen».

Auf der dreiwöchigen Reise bewies Hans Jakob Leu einen enzyklopädischen Fleiß, der ihn zeitlebens nicht mehr verlassen sollte. Kaum zurückgekehrt, verfasste er einen Kalender, der für jeden Tag des Jahres denkwürdige Ereignisse aus der Zürcher Historie festhielt. Und noch im selben Jahr 1705 wurde sein erstes Werk gedruckt: der *Durchleuchtige Welt-Begrieff*, in dem die regierenden Häupter des Erdkreises, hauptsächlich aber der Eidgenossenschaft, auf insgesamt sechzehn Seiten vorgestellt wurden.

Ein Jahr später zog er an die altehrwürdige Universität Marburg in Hessen, wo er einen juristischen und theologischen Intensivkurs als Staatsdiener und Diplomat absolvierte. In den anderthalb Jahren, die er dafür aufwandte, um «Staats-Klugheit» und «wohl eingerichtete Conduite» zu erlernen, eignete er sich nebenher auch das Tanzen, Flötenblasen, Fechten sowie Spanisch und Holländisch an. Nach der Promovierung im Herbst 1708 reiste er kreuz und quer durch Europa über die Schlachtfelder des Spanischen Erbfolgekriegs, besuchte in Hannover den Philosophen Leibniz und fuhr über Amsterdam, Den Haag und Brüssel, die Hauptstadt der Spanischen Niederlande, nach Paris. Zu Silvester war er im neu erbauten Schloss Versailles, wo man ihm erlaubte, dem greisen Sonnenkönig Ludwig XIV. beim Abendessen zuzuschauen. Am Neujahrsmorgen hatte Hans Jakob Leu dann das Privileg, dem schlaftrunkenen Monarchen, der in der protestantischen Welt so sehr gehasst und gefürchtet wurde, in dessen goldglänzendem Schlafgemach zum neuen Jahr gratulieren zu dürfen.

Dann aber kehrte er heim nach Zürich, und die Zeit der Abenteuer war für immer vorbei. Kaum zwanzig Jahre alt, trat er als Kanzlist beim Unterschreiber der Stadt Zürich in Dienst. Nach einigen Jahren erhielt er erste selbstständige Aufgaben übertragen, durfte Sitzungen leiten und Protokolle verfassen. 1710 wurde er Bibliothekar der Bürgerbibliothek und 1713 Ratssubstitut, 1720 Unterschreiber und 1729 Stadtschreiber, 1736 Landvogt von Kyburg und 1749 – nach vierzig Jahren treuer Pflichterfüllung – Seckelmeister, das heißt Finanzminister des Standes Zürich.

In der Zwischenzeit hatte Zürichs Geldüberfluss stetig zugenommen. Die Bürger waren verzweifelt, die Obrigkeit ratlos. Kaum aber hatte Hans Jakob Leu das Amt des Seckelmeisters angetreten, machte eine unerhörte Idee die Runde: Wie wäre es, das überflüssige Geld nicht in der Heimat anzulegen, sondern – im Ausland? Das war ein revolutionärer Gedanke, den bis dahin noch niemand zu denken gewagt hatte. Da er bei der Regierung ein geneigtes Ohr fand, entwarf Hans Jakob Leus engster Freund, der Ratsherr Johann Conrad Heidegger, den Plan eines staatlich geführten Instituts, das jedem Zürcher ermöglichen sollte, seine Gelder im Ausland anzulegen, und zwar zu einem mäßigen, aber sicheren Zins von drei oder vier Prozent. Den Anfang machen sollte im ersten Jahr der Staat Zürich selbst mit einer einmaligen Einlage von 50 000 Gulden, die man in London, Paris und Wien versuchsweise anlegen würde. Falls alles gut ginge, würde man im zweiten Jahr auch die Zürcher Bürger einladen, ihre überschüssigen Reichtümer zur neuen Bank zu tragen.

Genau so geschah es. Nach Ablauf des Versuchsjahrs nahm die Bank Leu am 15. April 1755 erstmals öffentlich Gelder entgegen. Sie war im Rathaus untergebracht und jeweils nur im Mai und zu Martini im November geöffnet. Dann konnten die Kunden dienstags und donnerstags ihre Gelder bringen oder die Zinsen abholen. Einziger Angestellter der Bank war ein besoldeter Secretarius, der als Buchhalter und Kassierer amtete und die Einzahlungen in einer eisernen Truhe verwahrte. Verschließen durfte er die Truhe nur im Beisein eines der beiden ehrenamtlichen «Schlüssler», die ihm als Aufsicht zur Seite gestellt waren. Wo das Geld angelegt wurde, entschied eine staatliche Kommission unter dem Vorsitz von Seckelmeister Hans Jakob Leu.

Zwar war die erste Schweizer Bank eindeutig ein Staatsbetrieb – das Grundkapital entstammte dem Staatsschatz, das leitende Gremium setzte sich aus Ratsherren unter Vorsitz des Finanzministers zusammen, der Firmensitz befand sich im Rathaus. Da aber die Menschen einem solchen Gebilde misstraut hätten, gab sich die Bank von Anfang an große Mühe, nach außen wie die private Firma einer im Volk geachteten Respektperson zu erscheinen. Schon vor dem ersten Einzahlungstag, am 27. November 1754, beschloss die Kommission, dass alle Geschäftspapiere von «Herrn Sekell Meister Hans Jacob Leüw (...) Eigenhändig Unterschriben und mit dem hierzu Eigens verfertigten Signet de Leu et Compagnie besiglet werden sollen».

Schon im ersten Geschäftsjahr legten die Zünfte, Gesellschaften, Ämter und Privatpersonen fast 60 000 Gulden ein – deutlich mehr als das staatliche Startkapital. Die Zürcher trugen ihr Geld in derartigen Mengen zur Bank, dass Leu und Compagnie nach wenigen Jahren wegen Überforderung ein Einlageverbot erlassen musste, das nur nach und nach gelockert wurde.

Vier Jahre lang blieb Hans Jakob Leu Präsident der Bank, der er seinen Namen gegeben hatte. Die Honorare, die man ihm zukommen ließ, reichte er großmütig weiter an den Secretarius, der die eiserne Truhe verwaltete. Als er 1759 mit siebzig Jahren zum Bürgermeister auf Lebenszeit gewählt wurde und das Präsidium seinem Freund Johann Conrad Heidegger übergab, behielt die Bank das gut eingeführte Siegel «Leu et Compagnie», das durch alle Stürme der Weltgeschichte bis in die Gegenwart überdauern sollte.

Bis zum letzten Atemzug blieb Hans Jakob Leu der aufopferungsvolle Staatsdiener, der er zeitlebens war. Blättert man durch die vielen tausend Seiten Protokolle, Ratsmanuale und Regierungsbeschlüsse, die er über die Jahrzehnte verfasst hat, so erscheint es kaum glaubhaft, dass er nebenher ein lebendiger Mensch war – dass er zweimal heiratete, vier Töchter und einen Sohn zeugte und beide Ehefrauen zu Grabe tragen musste. Über seine privaten Belange verliert Leu in seinem gesamten Nachlass kaum ein Wort. Hingegen ist ausgiebig dokumentiert, dass er seiner zweiten Leidenschaft, dem enzyklopädischen Sammeln von Wissen, von der Jugend bis ins hohe Alter treu blieb und ein Lexikon nach dem anderen verfasste. Knapp zwanzig Jahre gab er dafür hin, die zahllosen Spielarten öffentlichen Rechts, die es in der föderalistischen Eidgenossenschaft gab, in mühseliger Kleinarbeit aus den hintersten Alpentälern zusammenzutragen und zu einem großen Nachschlagewerk zu vereinen. Da er es sich nicht nehmen ließ, die einzelnen Gesetze mit dem Römischen Recht, den naturrechtlichen Lehren sowie der Bibel und dem Kirchenrecht zu vergleichen, schwoll das Werk zu vier dicken, trockenen Folianten an, die für immer in den Archiven und Bibliotheken verstaubten. Danach nahm er im gesetzten Alter von achtundfünfzig Jahren sein eigentliches Hauptwerk in Angriff, das alphabetisch geordnete «Allg. Helvetische, Eydgenössische oder Schweitzerische Lexicon», von dem während achtzehn Jahren Band um Band erschien. Da kein Verleger daran glaubte, dass der weißhaarige Autor sein Werk jemals vollenden würde, musste Leu das Lexikon auf eigene Kosten herausgeben. Als 1765 wider Erwarten der letzte Band mit dem Buchstaben Z erschien und das Finis gesetzt werden konnte, war Hans Jakob Leu sechsundsiebzig Jahre alt, und sein Leben neigte sich dem Ende zu; die Handschrift war noch immer klein und fein, wurde aber allmählich zittrig, und allerlei Altersgebrechen machten sich bemerkbar. Am 8. November 1768 erlitt der Bürgermeister während einer Ratssitzung einen Schlaganfall und starb nach zweitägigem Todeskampf. Keine dreißig Jahre später wurde der Zürcher Gottesstaat von der Französischen Revolution hinweggefegt, und Leu et Compagnie entging mit Mühe der Plünderung.

Bank Leu – Die Geschichte

1755
Die Stube der Zürcher Zinskommission im Zürcher Rathaus nimmt erstmals Kundengelder entgegen. Gezeichnet werden alle Papiere von Anfang an mit «Leu et Compagnie».

1770
Die Einlagen betragen schon eine Million Gulden und wachsen bis 1798 auf 2,65 Millionen Gulden an. Beliebte Schuldner sind weltliche Würdenträger und geistliche Institutionen. Investiert wird ausschließlich im Ausland, nie in der Schweiz.

1798
Das Ancien Régime bricht zusammen, der souveräne Stand Zürich wird von französischen Truppen besetzt und zu einem Verwaltungsbezirk der Helvetischen Republik degradiert. Die Bank Leu deklariert ihre Vermögenswerte als Privateigentum, um sie dem Zugriff der neuen Machthaber zu entziehen. Mit einer Anleihe von 60 000 Gulden ermöglicht sie der Stadt Zürich, eine Plünderung durch die französischen Truppen unter General Massena abzuwenden. Die meisten in Frankreich platzierten Anlagen gehen verloren. Die Bank beschließt, künftig ihre Mittel in der Schweiz anzulegen. Die inländischen Anlagen nehmen bis 1822 von 0,26 auf 1,45 Millionen Gulden zu.

1833
Die Bank Leu muss aus dem Rathaus ausziehen, da sie als private Institution kein Anrecht auf unentgeltliche Unterkunft in öffentlichen Gebäuden hat. In Konflikt mit der Helvetischen Regierung gerät Leu auch, weil die Behörden die Kapitalien der aufgehobenen Klöster beschlagnahmen, deren Schulden aber nicht übernehmen wollen.

1848
Der Wandel der Bank Leu von einer international operierenden Anlagebank zum führenden zürcherischen Hypothekarinstitut ist abgeschlossen. 98 Prozent aller Ausleihungen sind Schweizer Hypothekargeschäfte.

1854
Die aufkommende Industrie hat immer größeren Bedarf an Krediten. Um flexibler zu werden, verwandelt sich die Bank nach hundertjähriger Geschäftstätigkeit am 27. Oktober in eine Aktiengesellschaft.

1872
In der ganzen Schweiz werden immer mehr Banken eröffnet, die den Zahlungsverkehr für kleine und mittlere Gewerbebetriebe übernehmen und Kredite gewähren. Wegen der vermehrten Konkurrenz muss sich Leu neu ausrichten und nimmt die Vermögensverwaltung als Geschäftssparte in die Statuten auf. Auch das 1798 abgebrochene Auslandsgeschäft wird reaktiviert.

1900
Die Bank Leu hat sich zur Universalbank entwickelt. Die Bilanzsumme steigt von 36 Millionen Franken (1867) auf 100 Millionen Franken (1900) und weiter auf fast 250 Millionen Franken (1914). Ab 1883 sind die Leu-Aktien an der Zürcher Börse kotiert.

1920
Nach der Kriegskonjunktur 1914–1918 folgt die Krise mit Preiszerfall, Firmenschließungen und Hyperinflation in Deutschland. Die Bank Leu erleidet große Verluste und braucht ihre Reserven restlos auf. Die Bilanz wird bereinigt, das Aktienkapital halbiert. Eine Fusion mit der Schweizerischen Bankgesellschaft (SBG) wird ins Auge gefasst, scheitert aber.

1930
Im Zug der allgemeinen wirtschaftlichen Erholung steigt die Bilanzsumme wieder von 181 (1923) auf 416 Millionen Franken (1930). Der Börsenkrach an der Wall Street im Oktober 1929 führt in der Schweiz zu einer Immobilienkrise und zu großen Verlusten für die Banken. Viele Hausbesitzer können die Hypothekarzinsen nicht mehr bezahlen, ihre Häuser werden unter Preis zwangsverkauft. Viele Banken müssen ihre Geschäftstätigkeit einstellen. Die Bank Leu wird 1937 saniert und überlebt.

1939
Bei Ausbruch des Zweiten Weltkriegs hat die Leu-Bank ein Drittel ihres Geldes im Ausland angelegt, davon einen großen Teil in Deutschland.

1941
Von Kriegsbeginn bis Herbst 1941 beliefert Nazideutschland Schweizer Geschäftsbanken mit Raubgold jüdischen Ursprungs, um Devisen zu beschaffen. Wegen vieler in Deutschland ausstehender Kredite sieht sich die Bank Leu gezwungen, Gold im Wert von mindestens 33,8 Millionen Franken zu beziehen.

1945
Bis Kriegsende hat Leu längst nicht alle seine deutschen Darlehen abbauen können. Die meisten Forderungen sind durch

Geschäftshäuser in Innenstädten abgesichert, die von den Alliierten bombardiert wurden, und müssen abgeschrieben werden. Bank Leu hat ein Aktienkapital von 20 Millionen Franken, vier Niederlassungen und 200 Mitarbeiter. Mit einer Bilanzsumme von 161 Millionen Franken ist sie die fünftgrößte Schweizer Bank.

1970
Der Trend zur Internationalisierung setzt sich in der Finanzbranche immer schneller durch. Die Schweizer Großbanken wachsen stürmisch und machen ihr Auslandsgeschäft zum Schwerpunkt. Für die deutlich kleinere, auf Zürich konzentrierte Bank Leu wird es schwierig, international mitzuhalten. 1973 wird eine Zweigstelle auf den Bahamas eröffnet, 1976 eine Filiale in Beirut und Amman, 1978 in New York und 1979 in Luxemburg.

1980
Zum 225-Jahr-Jubiläum präsentiert sich die Bank Leu in guter Verfassung. Die Bilanzsumme verdreifacht sich von 1977 bis 1983 auf 10,4 Milliarden Franken. Aber die Ertragskraft ist ungenügend, und technologisch ist sie im Rückstand, weil nötige Investitionen in Computersysteme aufgeschoben wurden.

1988
Die Bank Leu ist zu klein, um als global tätige Großbank tätig zu sein, aber zu groß, um als kleines Institut seine Nische zu finden. Auf der Suche nach Wegen in die Zukunft kommt es zu zahlreichen personellen Veränderungen in Management und Verwaltungsrat. In aller Stille beginnt die CS Holding (heute Credit Suisse) Leu-Aktien zu kaufen.

1990
Die CS Holding gibt sich als Leu-Großaktionärin zu erkennen und macht ein Angebot zum Aktienumtausch. Angesichts der

Machtverhältnisse streckt der Leu-Verwaltungsrat die Waffen, worauf die Aktionäre das Angebot annehmen. Nach vollzogener Integration in die CS Holding bleibt die Bank Leu als Institut selbstständig.

1992
Die Bank Leu konzentriert sich neu auf das nationale und internationale Private Banking sowie auf das Firmen- und Privatkundengeschäft in Zürich.

1997
Die 14 Filialen in der Region Zürich mit 100 000 Kunden gehen an die CS, deren Private Banking an den Hauptsitz an der Bahnhofstraße. Der Personalbestand wird ohne Entlassungen halbiert.

2005
Die Bank Leu verwaltet Kundenvermögen von 31,8 Milliarden Franken. Sie feiert als unabhängige Privatbank innerhalb der Credit Suisse Group ihr 250-jähriges Bestehen.

Fritz Hoffmann-La Roche

Kaum hatte Fritz Hoffmann im August 1892 in Hamburg seine Handelslehre angetreten, brach die Cholera aus. Über achtzehntausend Menschen erkrankten, neuntausend starben, die Stadt wurde unter Quarantäne gestellt. Aus dem Bürofenster beobachtete Fritz, wie die Toten auf Fuhrwerken gestapelt und weggefahren wurden. Um sich gegen den Cholerabazillus zu schützen, trank er mit den anderen Lehrlingen große Mengen Cognac, den sie am Lager vorfanden, und zur Verbesserung des Geschmacks legten sie Orangenschalen hinein. Gegen die Krankheit half das zwar nicht, aber es schmeckte gut – genauso wie jener Hustensirup mit Orangengeschmack, mit dem Fritz Hoffmann-La Roche fünf Jahre später den Weltmarkt eroberte.

Er war von altem Basler Geldadel und so reich, dass er ein luxuriöses Leben als Privatier hätte führen können. Dafür hätte sich an seiner Stelle mancher entschieden, denn Fritz verfügte über keine besonderen Talente oder Vorlieben, auch war er weder sonderlich klug noch überdurchschnittlich charmant oder auffällig schön. Einige Tugenden aber besaß er im Übermaß: Fleiß, Mut, Beharrlichkeit, Durchsetzungsvermögen. Es waren die Tugenden des protestantischen Basler Bürgertums – der jahrhundertealte Glaube seiner Ahnen, dass nur ein Leben in Arbeit ein gottgefälliges Leben sei. Den Reichtum der Familie hatte zweihundertzwanzig Jahre zuvor der Basler Wollweber Emanuel Hoffmann-Müller begründet, der 1667 nach Holland ging, um die neuartigen, mit Wasserkraft betriebenen Webstühle zu begutachten, die gleichzeitig sechzehn Bänder weben konnten. Da die Holländer eifersüchtig über ihre Erfindung wachten, schmuggelte Emanuel Hoffmann eine solche «Webmühle» in Einzelteilen nach Basel, worauf die Bandweberei am Rheinknie einen raschen Aufschwung nahm.

Schwer zu sagen, wann der junge Fritz Hoffmann beschloss, eine Heilmittelfabrik mit Weltgeltung zu gründen; am Gymnasium gewiss noch nicht, denn da war er ein höchst durchschnittlicher Schüler, der im Lateinunterricht schwer zu kämpfen hatte. Seine Eltern wünschten, dass er sich den Wissenschaften zuwandte. Aber für ein Universitätsstudium fehlte Fritz erstens das Latein und zweitens die Neugier. Er wollte lieber Kaufmann werden wie sein Vater, seine Großväter und seine Urgroßväter auch. So begann der Achtzehnjährige 1886 eine Banklehre in Yverdon und schloss sie drei Jahre später mit ordentlichen Zeugnissen ab. Da er auch dann noch nicht wusste, auf welches Ziel er seine Entschlossenheit richten sollte, absolvierte er bei der Basler Drogerie Bohner, Hollinger & Cie. eine zweijährige Zusatzlehre, ging dann für ein paar Monate nach London zu einer Chemikalienhandelsfirma, der die Hoffmanns geschäftlich und freundschaftlich verbunden waren, und heuerte Anfang August 1892 beim Kolonialwarengeschäft Lipman & Geffcken in Hamburg an.

Ein halbes Jahr zuvor war in Hinterindien die Cholera ausgebrochen, hatte sich nach Afghanistan ausgebreitet und dort im April sechstausend Tote gefordert. Im Mai und Juni war die Seuche über Moskau nach St. Petersburg gelangt und hatte im Juli Westeuropa erreicht. Zu Tausenden waren in jenem Sommer 1892 russische Auswanderer über die Ostsee nach Hamburg gefahren, um sich nach Amerika einzuschiffen. Heimlich mit an Bord waren Cholerabakterien, gut versteckt im Gedärm eines oder mehrerer Emigranten. Anfang August warteten in Hamburg fünftausend Russen auf ihre Überfahrt in die Neue Welt. Sie hausten am Amerikakai in eilig erstellten Baracken mit spärlicher Beleuchtung und schmalen Pritschen. Ihre Notdurft verrichteten die Menschen am Ufer der Elbe. Das war verhängnisvoll, denn die Hamburger Bürger bezogen ihr Trinkwasser noch immer ungefiltert aus dem Fluß. Viel zu spät hatte die stark gewachsene Stadt an den Bau einer modernen Trinkwasserversorgung und eines ordentlichen Abwassersystems gedacht.

Am 15. August starb ein Hafenarbeiter nach vierundzwanzig Stunden heftigen Durchfalls und Erbrechens. Tags darauf starb ein zweiter. Nach einer Woche zählten die Behörden zweihundert Tote. Als das Wort von der Choleraepidemie die Runde machte, flohen die Menschen in Scharen aus der Stadt; allein am 22. August verkaufte die Reichsbahn achttausend Fahrscheine mehr als üblich. Fritz Hoffmann aber konnte sich nicht entschließen, schon wieder abzureisen – und dann war's zu spät: Die Stadt wurde für vier Monate, bis zum Jahresende 1892, unter Quarantäne gestellt.

Da Handel und Gewerbe fast vollständig zum Erliegen kamen, hatte Fritz Hoffmann kaum Arbeit und ausgiebig Gelegenheit, den Verlauf der Epidemie zu verfolgen. Am 25. August verteilte die Polizeibehörde Flugblätter mit «Schutzmaßregeln», auf denen es unter Punkt 5 hieß: «Gegen die ausgebrochene Krankheit gibt es erfahrungsgemäß kein Mittel.» In den Krankenhäusern starben die Menschen wie Fliegen. Die Ärzte waren ratlos. Die Apotheker stampften und mischten in ihren Mörsern hilflos nach mittelalterlichen Rezepten Kampfer, Schwefel und Christwurz. Die Homöopathen verabreichten Arsen in starken Verdünnungen, und wenn ihnen der Patient starb, wurden sie des Giftmordes bezichtigt.

Vielleicht war es in diesen Monaten, da Fritz Hoffmann begriff, dass die Zeit der mittelalterlichen Apotheken vorbei war und Heilmittel in modernen Fabriken hergestellt werden mussten, mit den immer gleichen Zutaten nach den immer gleichen Rezepten und mit zuverlässig immer gleicher Wirkung.

Jedenfalls ging alles sehr schnell, als Ende 1892 die Quarantäne aufgehoben wurde. Anfang Januar 1893 eilten die Eltern herbei und holten ihn heim nach Basel. Um dem Sohn einen guten Start in der Heilmittelbranche zu ermöglichen, erwarb der Vater bei dessen ehemaligem Lehrbetrieb, der Drogerie Bohner, Hollinger & Cie., eine Beteiligung von 200 000 Franken. Am 1. Juli fing Fritz an – gleich als Prokurist. Von Beginn weg leitete er mit Feuereifer das zur Drogerie gehörige chemische Labor am Kleinbasler Rheinufer, das mit sechs Arbeitern Bodenwichse, Salben und ätherische Öle herstellte. Aber rasch wurde klar, dass der ungestüme Fünfundzwanzigjährige sich nicht lang mit Bodenwichse zufrieden geben würde. Sein Ziel waren bahnbrechende Erfindungen und internationale Verkaufserfolge. Ärgerlich war nur, dass ihm für eine bahnbrechende Erfindung der zündende Gedanke fehlte. Trotzdem stürmte er energisch voran, ließ im Labor keinen Stein auf dem anderen und verwirrte die Arbeiter mit immer neuen Ideen. Nach wenigen Monaten hatte er sich mit seinen Vorgesetzten, die beide solide Zunftleute von altem Schrot und Korn waren, derart zerstritten, dass seiner Karriere als Chemiefabrikant ein vorzeitiges Ende drohte; das verhinderte der Vater, indem er am 1. April 1894 das ganze Labor samt allen Einrichtungen und Angestellten für 90 000 Franken kaufte.

Jetzt konnte Fritz nach Belieben schalten und walten. Zwar hatte er in der ersten Zeit noch den bisherigen Betriebsleiter Max Carl Traub als gleichberechtigten Partner an seiner Seite, weshalb die Firma «Hoffmann, Traub & Co.» hieß; aber auch Traub wollte das Tempo des energischen Jungunternehmers nicht mitmachen und zog sich nach zwei Jahren unter Hinweis auf ein Herzleiden aus der Firma zurück. Da Hoffmann weiterhin keine zündende Idee hatte, blieb der Betrieb bei herkömmlichen Heilmitteln aus pflanzlichen Wirkstoffen. Diese aber waren seit langem bekannt und wurden von zahlreichen Firmen in ganz Europa produziert, weshalb der Verkaufserfolg mäßig und der Gewinn gering blieb. Was der jungen Firma fehlte, war eine Neuheit, eine Spezialität. Etwas Besonderes, das sonst niemand herstellte.

Groß war deshalb Hoffmanns Begeisterung, als sein Chemiker Fritz Lüdy im zweiten Betriebsjahr aus Wismut und Jod ein graugrünes Wundpulver entwickelte, das zuverlässig vor Infektionen schützte. Die medizinischen Tests verliefen zufriedenstellend, die Ärzte reagierten begeistert. Fritz Hoffmann erkannte sofort, dass dies seine große Chance war. Er taufte das Pulver «Airol» und meldete es international zum Patent an. Er ließ im benachbarten Grenzach auf deutschem Boden eine Zweigniederlassung errichten. Er nahm Kontakt zur Schweizer Armee auf, reiste nach Wien, Paris und Mailand und etablierte dort

Vertretungen, knüpfte Verbindungen in England, den USA und Japan.

Zur gleichen Zeit, im Frühling 1895, heiratete er die achtzehnjährige Adèle La Roche, auch sie Spross einer alten, schwer reichen Basler Kaufmannsfamilie; sie war kurz zuvor aus Paris-Neuilly zurückgekehrt, wo sie im Mädchenpensionat der Mademoiselle Herrenschmidt auf die Pflichten einer Bürgersfrau vorbereitet worden war. Nach prächtiger Trauung und sechswöchiger Hochzeitsreise bezog das junge Paar die Kutscherwohnung im Anwesen der Schwiegereltern La Roche; denn Fritz Hoffmann hatte all seine verfügbaren Mittel in die Fabrik gesteckt und kein Geld mehr, um einen eigenen Hausstand zu gründen. Ein Jahr später kam der erste Sohn Emanuel zur Welt, ein weiteres Jahr später Alfred. An Sonn- und Feiertagen ritten Adèle und Fritz über Land oder gingen zur Jagd.

Im Geschäft aber, das seit dem Ausscheiden von Max Traub F. Hoffmann-La Roche & Co. hieß, gab es Schwierigkeiten. Der Verkauf von Airol brach nach einigen Anfangserfolgen ein; das graugrüne Pulver hatte die unangenehme Eigenschaft, dass es sich rot verfärbte, sobald man es auf eine Wunde streute – ein Effekt, der bei Patienten und Ärzten psychologisch verheerende Folgen hatte. Die Schweizer Armee fürchtete um die Kampfmoral der Truppe und nahm von einer Bestellung Abstand. Endgültig um Airol geschehen war es, als die Konkurrenten Ciba und Hoechst ebenso gute, aber farblich stabile Wundpulver auf den Markt brachten.

Bei Roche blieben die Bestellungen aus. Aber da die neue Fabrik in Grenzach nun mal gebaut war, musste die Produktion weitergehen. Die erweiterten Lagerräume mussten gefüllt, die Bankkredite abbezahlt werden. Also setzte

Fritz Hoffmann wieder auf die traditionellen Heilpflanzenextrakte. Auf diesem Gebiet aber war die alte, gut eingeführte Konkurrenz nur durch selbstmörderisch tiefe Preise zu schlagen.

Es dauerte nicht lang, bis sogar Fritz Hoffmanns eigene Familie das Vertrauen in die Firma verlor. Im Januar 1897 kündigte ihm der Basler Handelsbankdirektor Rudolf Koechlin-Hoffmann, der immerhin der Gatte seiner Schwester und also der Schwager des jungen Fabrikanten war, von einem Tag auf den anderen einen Kredit von 500 000 Franken – nach heutigem Geld wären das rund zehn Millionen Franken. Darauf verlor auch Fritz Hoffmanns Vater die Zuversicht. Er empfahl dem Sohn, das pharmazeutische Abenteuer abzubrechen und eine Anstellung in einem Zementwerk am Hauenstein anzunehmen.

Fritz Hoffmann-La Roche aber wollte nicht eine Anstellung in einem Zementwerk am Hauenstein annehmen. Er holte seinen Buchhalter aus der Fabrik und ging zum Vater, um diesen von den Zukunftschancen der chemischen Industrie zu überzeugen. Glaubt man der offiziellen Firmengeschichte, gelang ihm das. Sicher ist, dass sich ein halbes Jahr später alle Diskussionen erübrigten, da der Vater am 26. Juli 1897 gestorben war. Die Mutter half dem Sohn mit 100 000 Franken aus, und Schwiegervater La Roche stieg ebenfalls mit 300 000 Franken als stiller Gesellschafter ein.

Damit stand das Unternehmen finanziell wieder auf festem Grund; die Banken waren bereit, neue Kredite zu gewähren. Fritz Hoffmann seinerseits nahm sich vor, künftig vorsichtigere Geschäfte zu tätigen. Er wollte das experimentelle Labor auflösen, das nur Geld gekostet und kaum etwas eingebracht hatte. Aber gerade in jenen Tagen machten zwei seiner engsten Mitarbeiter, die jungen Chemiker Carl Schaerges und Emil Barell, eine viel versprechende Entdeckung. Es gelang ihnen, das damals gängige, aber weitgehend wirkungslose Tuberkulosemedikament Guajacol so zu verändern, dass es nicht mehr die Magenschleimhäute reizte, sondern gut verträglich war und sogar den Appetit der Tuberkulosepatienten verbesserte. Da Schaerges selbst an Tuberkulose litt, probierte er das Medikament an sich selbst aus und befand, dass es ihm gut tat. Problematisch war nur, dass es bitter schmeckte, was dem Verkaufserfolg abträglich sein musste. Dagegen wusste der Chef der Firma Rat. Er entsann sich des Orangencognacs, den er während der Choleraepidemie in Hamburg genossen hatte, und verwandelte die bittere Medizin in süßen Orangensirup.

Der Hustensirup hieß «Sirolin», war ausgesprochen wohlschmeckend und gelangte 1898 als Vorbeugungsmittel gegen Tuberkulose und Erkältungen auf den Markt. Im Gegensatz zum Airol verfärbte der Sirolin-Sirup sich nicht und hatte auch sonst keine Nachteile – bis auf den einen: Er war gegen Tuberkulose und Erkältungen praktisch wirkungslos. Weil er aber so gut schmeckte, wurde er zum ersten großen Verkaufserfolg der Firma. Im ersten Jahr verkaufte Roche 700 Flaschen, im zweiten 33 000 und 1900 78 000, und 1913 erstmals über eine Million. Mehr als sechzig Jahre lang produzierte Roche den Sirup – ungewöhnlich lange für ein Medikament.

Für Sirolin rührte Hoffmann die Werbetrommel wie noch nie ein Heilmittelfabrikant vor ihm. In fast allen europäischen Ländern verteilte er Millionen von Klebebildern und Postkarten, auf denen glückliche, Sirolin trinkende Kinder abgebildet waren. Es gab Sirolin-Heiligenbilder und Sirolin-Sportbilder sowie Sirolin-Bilder über Kunst, Geographie und Geschichte. Gleichzeitig schaltete Hoffmann bebilderte Zeitungsinserate von Portugal bis zum Ural und baute ein weltweites Netz von Vertretungen und Werbeagenturen auf.

Mit dem Verkaufserfolg kam das große Geld, welches weitere Verkaufserfolge ermöglichte – und zwar mit tatsächlich wirksamen Medikamenten, die sich als segensreich für die Menschheit erwiesen. Denn jetzt wurden die Universitäten auf Roche aufmerksam und boten der jungen Firma ihre Entdeckungen zur kommerziellen Verwertung an. Professor Max Cloetta in Zürich offerierte Roche 1904 ein Herzmittel, das aus der Fingerhutpflanze gewonnen und als «Digalen» ein großer Verkaufserfolg wurde. Cloettas Kollege Carl Keller-Escher brachte ein Jahr später das Mutterkornpräparat Secacornin heraus, und der Berner Professor Hermann Sahli entwickelte 1906 opiumhaltige Schmerz- und Schlafmittel, die während des ganzen 20. Jahrhunderts eine Roche-Spezialität bleiben sollten.

Fritz Hoffmann-La Roche verdiente nun sehr viel Geld, und er genoss es auch. Er zog mit Adèle und den Söhnen aus der Kutscherwohnung in eine herrschaftliche Villa im Louis-XVIII-Stil, in dessen Speisesaal bis zu dreißig Gäste bewirtet werden konnten. Zur Arbeit erschien er nicht mehr mit dem Fahrrad, sondern in einer prächtigen Kutsche. Auf Geschäftsreisen fuhr er nur noch in der Luxusklasse – am liebsten nach Russland, wo Geschäftsabschlüsse mit rauschenden Festen gefeiert wurden.

Aber dann begann der Erste Weltkrieg, und eine Kaskade von Katastrophen brach über das Unternehmen herein. Im Juli 1915 besetzte deutsche Polizei die Fabrik in Grenzach. Betriebsleiter Barell wurde unter dem Verdacht verhaftet, Waren an den französischen Feind geliefert zu haben. Das deutsche Heer setzte Roche auf eine schwarze Liste und belegte die Firma mit Boykott. Umgekehrt galt Roche in Frankreich als deutsche Firma und musste sich ständige Polizeikontrollen gefallen lassen; und viele Ärzte und Apotheker weigerten sich, Roche-Produkte zu verschreiben oder zu verkaufen. In London kursierte das Gerücht, Roche produziere Giftgas für das deutsche Heer, weshalb die Firma auch in Großbritannien auf die schwarze Liste geriet. Und als 1917 die Russische Revolution ausbrach, verlor Roche nicht nur den gesamten russischen Markt, der zeitweise ein Fünftel des gesamten Umsatzes ausgemacht hatte, sondern auch Millionenguthaben auf russischen Banken. Als dann auch noch die Inflation die in Deutschland blockierten Guthaben vernichtete, brachte das die Firma an den Rand des Ruins.

Das Kriegsende 1918 erlebte Fritz Hoffmann als kranker Mann. Er war fünfzig Jahre alt und mit den Kräften am Ende. Seinem Lebenswerk drohte der Untergang. Um seine Gesundheit stand es schlecht. Seiner Ehe drohte die Scheidung. Seit Jahren lebte er in kaum noch verheimlichter Liebe zu einer verheirateten Dame aus bester Basler Gesellschaft.

Schließlich ging alles sehr rasch. Im Frühling 1919 musste Fritz Hoffmann einsehen, dass er Roche ohne Hilfe nicht würde halten können. Um der Firma neue Mittel zuzuführen, wurde sie in eine Aktiengesellschaft umgewandelt, und gleichzeitig entmachtete man den Patriarchen; während Hoffmann mit dem Vizepräsidium des Verwaltungsrats vorlieb nehmen musste, übernahm sein Schwager Rudolf Koechlin-Hoffmann, der ihm als Handelsbankdirektor zweiundzwanzig Jahre zuvor den Kredit gekündigt hatte, das Präsidium. Die Gesellschaft blieb zu drei Vierteln im Besitz des Gründers, den Rest der Aktien übernahmen der Schwager sowie Hoffmanns langjähriger Vertrauter Emil Barell und zwei weitere Mitarbeiter.

Als im April 1919 alle Verträge unterzeichnet waren, erkrankte Hoffmann schwer an den Nieren. Er fuhr mit der Geliebten, die unterdessen geschieden war, nach Locarno zur Kur. Im Sommer ließ er sich von Adèle scheiden, und im Herbst heiratete er Elisabeth, seine Geliebte. Die beteiligten Familien behandelten die Affäre mit der größtmöglichen Diskretion, wie in den besseren Kreisen Basels üblich. Überliefert ist von der Braut lediglich, dass sie eine von der Mühll, geschiedene Staehelin und deutlich jünger als der Bräutigam war und dass sie zwei halbwüchsige Söhne und eine Tochter aus erster Ehe mitbrachte. Darüber hinaus vermerken die Annalen der Firma nur noch, sie sei eine «ausserordentlich schöne und abenteuerlustige Frau» gewesen.

Nach der Hochzeit verschlechterte sich Fritz Hoffmanns Zustand drastisch. Im November 1919 musste er aus dem Verwaltungsrat ausscheiden. Oberster Chef wurde Barell, der das Unternehmen rigoros sanierte; 1920 fiel die Dividende zur Hälfte und 1921 gänzlich aus, und ein Drittel der fünfzehnhundert Angestellten wurde entlassen.

Den steilen Wiederaufstieg seines Unternehmens in den zwanziger Jahren erlebte Fritz Hoffmann nicht mehr. Ein halbes Jahr nach seiner zweiten Hochzeit kehrte er im März 1920 aus dem Tessin nach Basel zurück und fand im Haus seines Bruders Carl Unterschlupf. Da er fühlte, dass es zu Ende ging, nahm er am Ostermontag förmlich Abschied von den Seinen und starb zwei Wochen später, am 18. April, einen kampflosen, sanften Tod.

Hoffmann-La Roche – Die Geschichte

1896
Fritz Hoffmann gründet die F. Hoffmann-La Roche & Co. Erste Erfolge mit dem Wundpulver Airol.

1897
Roche kauft im nahen deutschen Bauerndorf Grenzach Land und baut eine Fabrik. Der Verkauf von Airol bricht ein, weil sich das grüne Wundpulver auf der Wunde rot verfärbt.

1898
Kurz vor dem Konkurs gelingt mit dem rezeptfreien und praktisch wirkungslosen Hustensirup Sirolin ein erster internationaler Großerfolg. Fritz Hoffmann erweist sich als Werbe- und Verkaufsgenie.

1903–1914
Roche baut ein Netz von Vertretungen von New York über London, Paris und Moskau bis nach Tokio. Neu im Sortiment sind rezeptpflichtige Medikamente wie das Herzmittel Digalen (1904) und das Schmerzmittel Pantopon (1909). Russland avanciert zum bedeutendsten Absatzmarkt. Niederlassungen in St Petersburg, Moskau, Odessa, Rostow und Kasan werden gegründet.

1914
Im Ersten Weltkrieg droht Roche in allen Krieg führenden Ländern der Boykott. Gewaltige Verluste wegen der Oktoberrevolution in Russland. In Deutschland vernichtet die Inflation riesige Guthaben.

1919
Um die Firma zu retten, wird Roche in eine Aktiengesellschaft umgewandelt. Fritz Hoffmann wird entmachtet, ein Jahr später stirbt er. Seine langjährige rechte Hand Ernst Barell übernimmt die Leitung. Unter ihm gelingt dank extremer Sparsamkeit und Arbeitsdisziplin der Wiederaufbau. Singen und Lachen am Arbeitsplatz sind verboten.

1928
Roche ist finanziell wieder derart stark, dass die Firma das ganze Aktienkapital unter Ausgabe von Genussscheinen zurückzahlen kann. Problematisch ist, dass die Roche-Forschungsabteilung noch keine neuen Produkte entwickelt hat, um jene aus der Gründerzeit zu ersetzen.

1933
Roche stellt als erstes Unternehmen synthetisches Vitamin C her. Im gleichen Jahr wird das Schmerzmittel Saridon lanciert, das ein großer Erfolg wird und bis heute im Verkauf ist. Vor allem wegen der Vitamine erlebt Roche während der Weltwirtschaftskrise einen raschen Aufschwung. Schon 1939 hat der Konzern 2200 Mitarbeiter und erzielt einen Umsatz von 65 Millionen Franken.

1934
Maja Hoffmann-Stehlin, verwitwete Schwiegertochter des Firmengründers, heiratet den Musiker und Dirigenten Paul Sacher.

1940

Barell siedelt mit leitenden Angestellten und der Forschungsabteilung in die USA um. Während der Kriegsjahre verdoppeln sich die Umsätze. Das weltweite Konzernnetz übersteht den Weltkrieg unversehrt.

1945

Da die Basler Handelsbank als Roche-Großaktionärin in Deutschland enorme Verluste macht, gelingt es Paul Sacher, für die Gründerfamilie die Aktienmehrheit zurückzukaufen. Von Kriegsende bis 1960 wachsen die Umsätze von 200 auf über 800 Millionen Franken, die Belegschaft nimmt von 4000 auf 12 000 Personen zu.

1954

Am 14. Mai explodiert auf dem Roche-Areal in Basel eine Acetonwolke. Fünf Arbeiter sterben, zweiundzwanzig werden verletzt. Roche gerät in die Kritik wegen mangelnder Betriebssicherheit.

1960

Roche-Wissenschaftler stoßen auf die Gruppe der Benzodiazepine, aus denen viele wichtige Medikamente entstehen: Librium (1960), Librax (1961), Valium Roche (1963), Mogadon (1965), Limbitrol (1967), Nobrium (1968), Dalmadorm (1972), Rivotril (1973), Lexotanil (1974), Rohypnol (1975) und Dormicum (1982).

1963

Roche erwirbt Givaudan S. A., Hersteller von Riechstoffen und Aromen, und ein Jahr später den französischen Riechstoffhersteller Roure Bertrand Dupont.

1960
Roche wird vorübergehend zum größten Pharmaunternehmen der Welt. Der Umsatz erhöht sich auf vier Milliarden Franken, die Zahl der Mitarbeiter auf 30 000. Die Firma steigt in die Produktion elektronischer Geräte für medizinische Zwecke ein; Roche-Physiker sind an der Entwicklung von Flüssigkristallanzeigen beteiligt.

1970
Es ist unübersehbar, dass das stark gewachsene Unternehmen seine Struktur seit der Gründerzeit nicht mehr neuen Verhältnissen angepasst hat. Lange Zeit waren die Missstände nicht augenfällig, da Roche jahrzehntelang viel Geld verdiente. Nach dem Ölschock von 1973 und der folgenden Rezession aber schwinden die Gewinne. Zudem stellt sich heraus, dass die Forschungsabteilung keine neuen Produkte in Aussicht hat. Neu kommt hinzu, dass Roche auch ein Imageproblem hat: Traditionelle Öffentlichkeitsscheu und Selbstüberschätzung kollidieren mit dem öffentlichen Bedürfnis nach Information über Medikamentenpreise und Umweltschutz.

1976
Umweltkatastrophe von Seveso (Italien): Bei einer Tochterfirma der Roche-Tochter Givaudan tritt am 10. Juli eine Aerosolwolke aus dem Fabrikationsgebäude aus und vergiftet Seveso und die Nachbargemeinden mit einem dioxinhaltigen Chemikaliengemisch. 500 000 Tiere müssen getötet werden, 700 Menschen werden evakuiert. Die vom Gift gezeichneten Kinder haben am ganzen Körper Hautausschläge, ihre Zähne und Fingernägel verfärben sich schwarz. Das Ansehen Roches in der Öffentlichkeit ist schwer angeschlagen.

1980
Nach einigen fehlgeschlagenen Versuchen gelingt die Reorganisation. Roche konzentriert sich wieder auf die Stammbe-

reiche Pharma, Vitamine, Diagnostika sowie Riechstoffe und Aromen. Erste Forschungsarbeiten auf dem Gebiet der Gentechnik. In der Öffentlichkeitsarbeit bemüht sich Roche um mehr Transparenz, ohne aber die traditionelle Zurückhaltung ganz abzulegen.

1986
Roche führt einen ersten Aids-Test ein. Es folgen über die Jahre mehrere HIV-Medikamente.

1990
Erwerb der Aktienmehrheit an Genentech, einem führenden Unternehmen auf dem Gebiet der Gentechnologie.

1992
Der Umsatz erreicht 12,95 Milliarden Franken, die Mitarbeiterzahl steigt auf 56 000.

1997
Übernahme des amerikanischen Aromenherstellers Tastemaker. Roche wird weltweit führend in der Aromenproduktion. Im gleichen Jahr übernimmt die Firma das Diagnostikunternehmen Boehringer Mannheim.

1999
Roche und eine Reihe weiterer Firmen werden für Preisabsprachen bei den Bulk-Vitaminen gestraft. Die Affäre kostet die Firma an die zwei Milliarden Franken.

2001
Großinvestor Martin Ebner scheitert als größter Einzelaktionär mit seinem Vorhaben, durch Einführung der Roche-Einheitsaktie die Gründerfamilie zu entmachten. Seine BZ Gruppe Holding verkauft zwanzig Prozent der Roche-Inhaberaktien – entsprechend 3,7 Prozent aller Roche-Titel – an Novartis.

2000
Zahlreiche neue Allianzen mit Pharmaunternehmen in Japan, Kanada, Frankreich, Deutschland und den USA zur Zusammenarbeit in der pharmazeutischen Forschung (Krebs- und Aidsmedikamente, Krebsfrüherkennung). Die Basler Konkurrentin Novartis bemüht sich verschiedentlich um eine Fusion, was die Roche-Familie aber einmütig ablehnt.

2006
Die Welt fürchtet eine Übertragung der Vogelgrippe auf den Menschen, was eine Pandemie mit Millionen von Todesopfern zur Folge haben könnte. Roche hält mit Tamiflu eines der wenigen Heilmittel gegen das Virus bereit. Sollte es zur Pandemie kommen, würde sich der Umsatz dank staatlicher Tamiflu-Bestellungen massiv erhöhen.

Charles Brown und Walter Boveri

Nach hundert Jahren Industrialisierung war es auf der Welt noch immer dunkel. Elektrisches Licht gab es nur in der Nähe von Kraftwerken, und die meisten Fabriken drängten sich an den Ufern der Energie spendenden Flüsse. Aber dann schafften es Charles Brown und Walter Boveri 1886, elektrischen Strom durch Kupferdrähte über weite Distanzen zu transportieren. Binnen weniger Jahre erstrahlte elektrisches Licht bis in die einsamsten Siedlungen und abgelegensten Täler.

Thomas Alva Edison, der Erfinder der Glühbirne, hatte nicht daran geglaubt. Zwar hatte er bereits 1882 in New York ein Dampfkraftwerk eingerichtet, das ein Stadtviertel mit Strom versorgte. Aber wenn er den Strom über größere Distanzen zu transportieren versuchte, verlor er ihn im Widerstand der Kupferkabel. Das Problem lag darin, dass Edison Gleichstrom verwendete; dieser floss unter niedriger Spannung immer in die gleiche Richtung; war das Kabel länger als zwei Meilen, verwandelte sich der Strom größtenteils in Wärme. Dass demgegenüber der Wechselstrom die überlegene Technik war, da er fünfzig oder sechzig Mal pro Sekunde die Richtung ändert und sich auf viele tausend Volt Spannung transformieren lässt, weshalb die Verluste auch über große Distanzen gering bleiben – das war Edison klar. Andrerseits aber war Hochspannungswechselstrom viel gefährlicher als Gleichstrom. Mit Wechselstrom arbeitete der große Erfinder nur, als ihn der Staat New York 1886 beauftragte, eine humane Hinrichtungsmethode mittels Elektrizität zu entwickeln. Monatelang setzte Edisons Mitarbeiter Harold Brown Hunde, Katzen und Pferde unter Wechselstrom; als es ihm sogar gelang, einen Elefantenbullen zu töten, waren die Auftraggeber überzeugt. Am 6. August 1890 wurde im New Yorker Auburn-Gefängnis William Kemler, der seine Freundin mit einer Axt getötet hatte, als erster Mensch der Welt auf den elektrischen Stuhl geschnallt. Er starb unter tausend Volt einen entsetzlich qualvollen, langsamen Tod. Dass Edison unter diesen Eindrücken vor dem Wechselstrom zurückschreckte, leuchtet ein; schon damals aber hatten ihn manche im Verdacht, dass er den elektrischen Stuhl nur gebaut habe, um sein Gleichstromimperium vor dem technisch überlegenen Wechselstrom zu schützen.

In der Schweiz hingegen, wo Hinrichtungen selten waren und mittels Guillotine oder Schusswaffe vollstreckt wurden, hatte man ein entspannteres Verhältnis zur Elektrotechnik. Vielleicht nicht ganz zufälligerweise war es ein junger Bursche aus Winterthur, dem es als Erstem weltweit gelang, Strom ohne wesentliche Verluste über große Distanzen zu transportieren.

Charles Eugen Lancelot Brown war als Sohn eines aus England eingewanderten Maschinenbauers und einer einheimischen Bürgerstochter in Winterthur geboren und aufgewachsen. Er studierte am dortigen Technikum Maschinenbau, machte mit neunzehn Jahren seinen Abschluss und übernahm 1884, mit einundzwanzig Jahren, vom Vater die Leitung der elektrischen Abteilung der jungen Maschinenfabrik Oerlikon. Schon im zweiten Jahr sorgte er für Schlagzeilen, als er eine Stromleitung von einem kleinen Flusskraftwerk in Kriegstetten nach dem acht Kilometer entfernten Solothurn legte; Auftraggeber waren die Solothurner Sphinx-Werke, die Uhrenbestandteile herstellten und sich von der Laufruhe elektrischen Antriebs eine höhere Präzision ihrer Drehbänke versprachen. «Es sind 30–50 PS auf 8000 m zu übertragen und ein Nutzeffekt von 65% zu garantieren, ansonsten die ganze Geschichte nicht angenommen wird», schrieb der junge Techniker einem Geschäftsfreund. «Dass ich da noch viel zu rechnen und zu zeichnen habe, werden Sie begreifen; geht die Sache gut, so bin ich ein gemachter Mann, denn eine solche Leistung wurde bis jetzt auch nur annähernd von niemandem erreicht.»

Nachdem Brown alles gerechnet und gezeichnet hatte, überließ er die Ausführung seinem Assistenten, dem zwei Jahre jüngeren Walter Boveri; eine Arbeitsteilung, welche die beiden ein Leben lang beibehalten sollten. Boveri war kein kreatives Genie wie sein Vorgesetzter, aber er verstand rasch, was Brown ihm erklärte, und setzte es umsichtig in die Tat um. Nach sieben Monaten Bauzeit hatten Brown und Boveri ihr Werk beendet. Aber da interessierte sich Brown schon nicht mehr dafür; an der feierlichen Einweihung ließ er sich durch Boveri vertreten. Die Fachwelt hingegen war beeindruckt. Am Ende der acht Kilometer langen Leitung gelangten nicht die geforderten 65 Prozent des Stroms zu den Drehbänken, sondern 75 Prozent. Professor Heinrich Weber vom Eidgenössischen Polytechnikum Zürich hielt in seinem Gutachten bewundernd fest: «Ein Nutzeffekt von dieser Höhe ist in bisher ausgeführten Anlagen für elektrische Übertragung noch nirgends erreicht worden.»

Hatte Charles Brown diesmal noch mit herkömmlichem Gleichstrom gearbeitet, wandte er sich bald dem Wechselstrom zu. 1891 erhielt er den Auftrag, für die Stadt Frankfurt am Main eine Leitung nach dem 175 Kilometer entfernten neuen Wasserkraftwerk in Lauffen am Neckar zu ziehen und zu beweisen, dass sich Strom auch über sehr große Distanzen transportieren lässt. Brown ließ durch die Deutsche Post 2500 hölzerne Leitungsmasten setzen, befestigte daran drei je vier Millimeter dicke Kupferdrähte und stellte an beiden Enden der Leitung selbst gebaute Transformatoren auf, die den dreiphasigen Wechselstrom aus dem von ihm konstruierten Generator von 50 auf 15 000 Volt hinaufsetzten, um ihn in Frankfurt wieder auf eine ungefährliche Spannung zu reduzieren. Am 25. August war es so weit: Vor großem Publikum leuchteten an der ersten Frankfurter Elektrizitätsausstellung gleichzeitig tausend Lampen auf, und ein künstlicher Wasserfall begann zu rauschen und erinnerte an das Wasser des Neckars, das gleichzeitig in 175 Kilometer Entfernung durch die Turbine strömte. Der Gesamtwirkungsgrad der Anlage betrug 75 Prozent – ein sensationeller Erfolg.

Charles Brown war auf einen Schlag weltberühmt. Die Menschheit ahnte, dass sie in Zukunft Kraftwerke an den entlegensten Orten der Welt errichten und den Strom über beliebige Distanzen dorthin würde führen können, wo er eben gebraucht wurde. Es war offensichtlich, dass die Elektrotechnik in den kommenden Jahren einen Siegeszug ohnegleichen antreten würde. Die wirtschaftlichen Aussichten aber kümmerten Charles Brown nicht. Ihn interessierte die Schönheit der Technik, die Eleganz der Apparatur, die Logik ihrer Mechanik. Sein Assistent Walter Boveri hingegen war in vielem ein gegensätzlicher Charakter; vor allem verfügte er über die kaufmännische Intuition, die dem Chef fehlte. Er ahnte, dass die weltweite Nachfrage nach Elektrizität rasant steigen würde und Browns Genie viel Geld wert war, wenn es sich mit seinem ökonomischen Instinkt verband.

Walter Boveri war der Spross einer wohlhabenden fränkischen Ärztefamilie. Seine Ahnen, die «Poveri» (italienisch: die Armen), waren im 16. Jahrhundert aus Oberitalien über Savoyen und Genf nach Deutschland gelangt. Er hatte die königliche Maschinenbauschule in Nürnberg besucht und war 1885, ein knappes Jahr nach Charles Brown, als Praktikant in die Maschinenfabrik Oerlikon eingetreten. Die zwei jungen Männer freundeten sich rasch an. Boveri bewunderte Browns Kreativität, und Brown schätzte an seinem Kollegen dessen schnelle Auffassungsgabe und sein sicheres Urteilsvermögen. Beim gemeinsamen Leitungsbau in Solothurn bewies Boveri zudem diplomatisches Verhandlungsgeschick und Entschlusskraft; schon bald schickte die Maschinenfabrik den Zweiundzwanzigjährigen auf Dienstreisen zu Kunden und Finanzleuten, erst in der Schweiz, dann nach Deutschland und schließlich bis nach Nischni-Nowgorod in Russland, wo er im Sommer 1887 die Illumination eines Jahrmarkts besorgte. Spätestens in Russland muss er auf den Gedanken gekommen sein, eine eigene Firma zu gründen; nach der Heimkehr schrieb er dem Schweizer Eisengießer Gottlieb Nabholz nach Moskau: «... meine Absicht ist es keineswegs, für immer angestellter Techniker zu bleiben, sondern ich möchte es womöglich zu einem eigenen oder wenigstens zu einem von mir geleiteten Geschäfte, an dem ich beteiligt bin, bringen».

In jenen Monaten muss es gewesen sein, dass Boveri seinem Freund und verehrten Vorgesetzten Charles Brown den Antrag machte, gemeinsam ein Unternehmen zu gründen, das große Generatoren, Turbinen und Motoren für den rasch wachsenden Elektrizitätsmarkt produzierte. Brown antwortete vorsichtig abwartend. Er wollte Techniker bleiben, nicht Geschäftsmann werden. Wenn Brown und Boveri eine Firma werden sollten, müsste Boveri sich allein um die Beschaffung des Startkapitals kümmern. Also entwarf Boveri Fabrikhallen, holte Offerten ein und rechnete, und das stets an arbeitsfreien Abenden und Sonntagen, denn wochentags waren die beiden Jungunternehmer noch Angestellte der Maschinenfabrik Oerlikon. Boveris Berechnungen ergaben, dass zur Firmengründung 500 000 Franken nötig waren – nach heutigem Wert rund zehn Millionen Franken. Das war sehr viel Geld für zwei sechsundzwanzig- und vierundzwanzigjährige Burschen, die nicht viel mehr vorzuweisen hatten als ein paar gute Ideen. Von 1888 an ging Walter Boveri Dutzende von Banken um Kredit an. Er erhielt nichts als Absagen. 1889 drohte das Projekt zu scheitern, weil Boveri ein Jahr Dienst in der deutschen Armee leisten musste. Kaum aber war das Jahr um, hatte die Geldnot ein Ende. Denn Boveri lernte 1890 den Zürcher Seidenindustriellen Conrad Baumann kennen, der erstens Interesse an der Elektrotechnik und zweitens eine Tochter namens Victoire hatte, die mit fünfundzwanzig Jahren noch unverheiratet war. Kurz nach der ersten Begegnung verlobte Boveri sich mit Victoire, worauf der künftige Schwiegervater die 500 000 Franken Startkapital bereitstellte. Ob es Liebe auf den ersten Blick war, weiß man nicht. Siebzig Jahre später schrieb ihr gemeinsamer Sohn Walter in seinen Lebenserinnerungen, dass es der «Vater ihr gegenüber doch an jeglichen Äußerungen der Zärtlichkeit» habe ermangeln lassen; die Mutter habe dafür «viel Ersatz in ihrem herrlichen Garten gefunden».

Von da an ging alles sehr schnell. Am 20. Dezember 1890 schlossen Charles Brown und Walter Boveri einen Kooperationsvertrag. Ende 1890 verließ Boveri die Maschinenfabrik Oerlikon und suchte einen Standort für die eigene Fabrik. Am 26. Februar 1891 heiratete er Victoire Baumann. Anfang April entschied er sich für ein großes Gelände hinter dem Bahnhof von Baden, auf halbem Weg zwischen Zürich und Basel. Einen Monat später hatte die Fabrik, die es noch gar nicht gab, ihren ersten Großauftrag: Die Stadt Baden, die noch keine Elektrizität kannte, bestellte bei Brown und Boveri zum Preis von 140000 Franken ein Flusskraftwerk «für 2000 gleichzeitig brennende Glühlampen von 16 Normalkerzen (ca. 15 Watt)». Im Juli begann der Bau der Werkstätten. Ende September trat auch Charles Brown aus der Maschinenfabrik Oerlikon aus und nahm in Baden die Arbeit auf. Am 2. Oktober wurde Brown, Boveri & Cie. ins Handelsregister eingetragen. Im Januar 1892 waren die Fabrik samt Gießerei und das Bürogebäude fertig gestellt. Im Februar arbeitete die BBC bereits mit über hundert Arbeitern und vierundzwanzig Angestellten an Generatoren für Baden, Fürstenfeldbruck, Ragaz und Klingler-Gossau. Im Sommer entstand in Baden das erste BBC-Flusskraftwerk, und am Abend des 27. November 1892 erstrahlte die Stadt erstmals in elektrischem Licht. In der gleichen Nacht wurde Walter Boveris erster Sohn Theodor geboren.

In den folgenden Jahren wuchs die Firma Brown Boveri, wie es die beiden Gründer nie für möglich gehalten hätten. 1893 erhielt sie gegen scharfe deutsche Konkurrenz –

die allerdings nur Gleichstrom anbieten konnte – von der Stadt Frankfurt den Auftrag, das größte Elektrizitätswerk Europas zu erstellen. Ab 1895 baute BBC in der Schweiz immer größere und stärkere Anlagen zur Stromgewinnung in Aarburg-Ruppoldingen, Schwyz, Rathausen, Spiez, Hagneck am Bielersee und Beznau. Während Charles Brown die Maschinen stets weiter verbesserte und eine Erfindung um die andere patentieren ließ, baute Walter Boveri die BBC zielstrebig zu einem weltumfassenden Konzern aus. Drei Jahre nach ihrer Gründung beschäftigte BBC schon vierhundertfünfzig Menschen, nach fünf Jahren tausend, nach zehn Jahren fünfzehnhundert. 1900 nahm in Mannheim die deutsche BBC-Tochterfirma mit vierhundert Angestellten die Arbeit auf und überflügelte bald die Mutter bezüglich Größe, Umsatz und Gewinn. Vor dem Ersten Weltkrieg kamen weitere Tochtergesellschaften in Paris, Mailand, Oslo und Wien hinzu.

Charles Brown und Walter Boveri wurden binnen weniger Jahre sehr reich. Brown erstellte für sich und die Seinen ein romantisches Märchenschloss, das er «Römerburg» nannte und das auch so aussah; Boveri baute fünf Jahre nach Gründung der BBC eine imposante neugotische Villa inmitten eines weitläufigen Parks, durch den eine statuettengeschmückte Ulmenallee führte. Er beschäftigte bis zu fünfzehn Dienstboten, von denen manche blaue Livreen und weiße Handschuhe trugen, und in den Stallungen stand neben edlen Pferden ein schwarzes Polopony für die Kinder.

Brown und Boveri führten ein feudales Leben. Das Unternehmen florierte, ihr gesellschaftliches Ansehen wuchs, der Nachwuchs gedieh. Gut möglich, dass die zwei jungen Unternehmer, die eben noch selbst mit Zirkel und Rechenschieber hantiert hatten, in ihren eigenen Fabrikhallen nun eine gewisse Herrenattitüde an den Tag legten. Jedenfalls häuften sich in der sozialdemokratischen Presse die Klagen, dass bei BBC die Arbeiter rüde und autoritär behandelt, die Lehrlinge blutig geschlagen würden und Gewerkschafter jederzeit mit Entlassung rechnen müssten. Im achten Jahr ihres Bestehens, am 2. Februar 1899, kam es bei BBC erstmals zum Streik. Neun Tage standen die Maschinen still, dann gaben die Herren nach. Entlassene Gewerkschafter wurden wieder eingestellt, und eine ständige Arbeiterkommission wurde ins Leben gerufen, die künftig soziale Konflikte regeln sollte, bevor es zum Streik kam. Zudem ermahnte die Direktion die Werkmeister, mit den Arbeitern pfleglich umzugehen. Trotzdem blieb das Betriebsklima schlecht. In den folgenden vier Monaten reichte ein Drittel der BBC-Arbeiter die Kündigung ein.

Hatten sich die gegensätzlichen Talente Browns und Boveris in der ersten Zeit ideal ergänzt, kam es zwischen den Gründern nach einigen Jahren zu schweren Spannungen. Boveris Streben war auf Expansion und Serienproduktion von Massenware ausgerichtet; Brown hingegen liebte das Einzelstück, den kreativen Akt, die kühn erdachte Erfindung, die Neuerung – und zwar in allen Lebensbereichen. So machte es dem Fabrikherrn Spaß, auf dem Schulhausplatz bei der Jugend Eindruck zu schinden, indem er mit seinem Hochrad Kunststücke vollführte, auf der Lenkstange sitzend rückwärts fuhr oder einbeinig auf dem Sattel balancierte und das andere Bein weit nach hinten streckte. 1894 bestellte Charles Brown – der übrigens extrem kurzsichtig war – bei Otto von Lilienthal ein Segelflugzeug, unternahm vermutlich ein paar Flugversuche, bei denen das Gerät wohl einigen Schaden nahm, und schenkte den Segler zehn Jahre später dem Deutschen Museum in München. Endgültig zur Berühmtheit wurde Brown im prüden Landstädtchen wegen seiner Vorliebe für Frauenkleider und Auftritte in weiblichen Rollen. An jeder Fasnacht und jedem Geburtstagsfest bestand das Risiko, dass der Firmenchef in wallenden Röcken als verschleierte Tempeltänzerin auftrat; wenn er Geschäftsleute in seinem Garten beim Schwimmbecken empfing, trug er zuweilen nichts als einen bunten Fetzen Stoff; und verbürgt ist, dass er sich während der Fasnachtstage 1900 vom BBC-Laborleiter mit dem Bunsenbrenner die Haare an den Armen wegsengen ließ und kurz darauf beim Maskenball eine geheimnisvolle schöne Balletteuse den Herren der guten Badener Gesellschaft die Köpfe verdrehte.

Walter Boveri hingegen stand der Sinn nicht nach solchen Kapriolen. Der Boom in der Elektrizitätswirtschaft hielt nur wenige Jahre an, dann folgten zu Beginn des 20. Jahrhunderts Krisen und Rückschläge, die manche junge Firma die Existenz kosteten. Auch bei BBC schrumpften die Gewinne, die Firma geriet in die roten Zahlen. In dieser Lage wünschte Boveri sich wohl, dass sein Partner sich weniger um seine originellen Hobbys und mehr um das Wohl der Firma kümmern würde. Und wenn Brown schon mal in der Firma war, sollte er das ewige Basteln und Experimentieren bleiben lassen, das nur unnötige Kosten und Fehler verursachte und die Kunden verärgerte.

Charles Brown aber sah das ganz anders. Er wollte sich nicht damit abfinden, dass die Zeit des intuitiven und willkürlichen Konstruierens vorbei war; er wollte nichts zu tun haben mit exakter Betriebsführung und scharfer Kalkulation. Im Sommer 1911 kam es zum Zerwürfnis. Empört schrieb Brown einem Bekannten: «... hatte der gegenwärtige Präsident (Boveri) die Unverschämtheit, mir zu schreiben, dass ich seiner Ansicht nach – ich war nebenbei bemerkt nur noch mit halbem Salär und Anteil im Geschäfte – nicht genügend für das Geschäft arbeite. Es macht sich das doppelt fühlbar, wenn man bedenkt, dass allein durch meine oben geschilderte Erfindung (den Turborotor) pro Jahr an Lizenzen ein Vielfaches einging von meinen Bezügen ...»

Seine Wut war so groß, dass er im Herbst 1911, erst achtundvierzigjährig, als BBC-Verwaltungsratspräsident zurücktrat und sämtliche Ämter in der Firma niederlegte. Vergeblich versuchte Walter Boveri, den Zürnenden zu besänftigen. Am 11. November 1911 schrieb er ihm, «dass es mein lebhaftester Wunsch wäre, diese Spannung wieder zu beseitigen. Die Erregung über die prekären Resultate unserer Geschäfte, die bei mir erst durch eine erzielte Verbesserung schwinden wird, hat mich wohl zu einem ungeschickten Schritt veranlasst und mich auch über dessen mögliche Folgen, die ganz andere sein sollten, irregeleitet. Ich hoffe, ein 25jähriges Zusammenarbeiten möge in seinen Nachwirkungen doch stark genug sein, uns darüber wieder hinwegzubringen. Ich habe die Absicht, Dich zu diesem Zweck zu besuchen und hoffe, dass Du mir diese Begegnung nicht abschlagen wirst ...»

Aber Charles Brown war nicht zu erweichen. Am 12. Dezember 1911 brach er zu einer Reise auf, die ihn in Windeseile um die ganze Welt führen sollte. Brown fuhr über Mailand und Genua per Dampfschiff nach Ägypten, Ceylon und Indien. Er maß mehrmals täglich gewissenhaft die Lufttemperatur und notierte sie im Tagebuch, und wenn das Schiff in einem Hafen Kohle zulud, ging er für ein paar Stunden an Land. Er war begeistert von der Farbenpracht Indiens, missbilligte aber dessen Bewohner als «eine faule, dreckige, unintelligente Bettelbande». Über Burma und China ging es weiter nach Japan, das er «entzückend und liebenswert» fand; von Hawaii, wo er nur wenige Stunden verbrachte, führte die Reise nach San Francisco, dann mit der Bahn ohne Unterbrechung in sieben Tagen nach New York, und am 10. April 1912 um acht Uhr zwanzig traf er, nach einer Erdumrundung in nur 118 Tagen, von Basel her wieder im heimatlichen Baden ein. Im Reisetagebuch notierte er abschließend: «Abends habe ich schon das Gefühl, wie wenn ich überhaupt nie weg gewesen und meine Reise um die Welt nur ein schöner Traum gewesen wäre.»

In die Werkhallen der BBC aber kehrte Charles Brown nicht mehr zurück. 1916 zog er mit seiner Familie nach Montagnola bei Lugano, zeichnete Bilderbücher für seine Kinder und privatisierte glücklich und unbeschwert. Bis zum Schluss bewies er ein ausgeprägtes Selbstbewusstsein: «Ich hätte alles werden können», pflegte er zu sagen. «Musiker, Bildhauer, Maler – ich wäre immer ein großer Mann geworden.» Am 2. Mai 1924 starb er an einem Herzschlag, froh und still, wie ein Kind.

Walter Boveri hingegen wurde in seinen letzten Jahren von schweren Sorgen gequält. Vom langjährigen Freund und Partner allein gelassen, führte er die BBC durch die Katastrophe des Ersten Weltkriegs und die folgenden Krisenjahre. Der zermürbende Kampf ums wirtschaftliche Überleben zehrte an seinen Kräften. 1922 erlitt er auf Geschäftsreise in Holland bei einem Autounfall einen Oberschenkelbruch, von dem er sich nie mehr richtig erholte. Zwar war die Verletzung nicht lebensgefährlich, aber von jenem Tag an war sein Lebensmut gebrochen. Er wurde schwermütig, pflegebedürftig und bettlägerig und starb am 28. Oktober 1924, ein halbes Jahr nach Charles Brown und kurz vor seinem sechzigsten Geburtstag.

Brown-Boveri – Die Geschichte

1891
Charles Brown und Walter Boveri gründen «Brown, Boveri & Cie.» in Baden, abseits der Industriezentren Zürich und Basel. Land und Arbeitskräfte sind billig, die Stadt gibt gleich ein Elektrizitätswerk in Auftrag. Die Produktion beginnt mit 100 Arbeitern und 24 Angestellten.

1893
BBC baut in Frankfurt am Main das erste Wechselstromgrosskraftwerk Europas.

1895
Auslieferung der tausendsten Wechselstrommaschine.

1899
Neuntägiger Streik bei BBC. Die Arbeiter wehren sich gegen rüde Behandlung und Entlassung von Gewerkschaftern.

1900
BBC braucht mehr Kapital, um in den Bau grosser Dampfturbinen einzusteigen und international weiter zu expandieren. Umwandlung der Firma in eine Aktiengesellschaft.

1904
Die erste Schiffsturbine verlässt das Badener Werk.

1906
Auf eigene Kosten elektrifiziert BBC den neu gebauten Simplontunnel, mit 20 Kilometern der längste Tunnel der Welt.

1914
Erster Weltkrieg. Energieknappheit in der Schweiz, die zu achtzig Prozent auf Kohle aus dem Ausland angewiesen ist. In der Not bauen Bund und Kantone ein landesweites Stromnetz. Vollelektrifizierung der Schweizerischen Bundesbahn.

1921
Weltwirtschaftskrise und Inflation: Entlassungen und Kurzarbeit bei BBC. 1921–1924 wird keine Dividende ausgezahlt.

1924
Tod von Charles Brown und Walter Boveri.

1937
Friedensabkommen der Schweizerischen Metall- und Maschinenindustrie. Gewerkschaften und Unternehmer einigen sich, Konflikte über Lohn und Arbeit künftig auf dem Verhandlungsweg zu lösen.

1939
Im Zweiten Weltkrieg werden BBC-Werke in Mannheim, Mailand und Wien von alliierten Flugzeugen bombardiert und schwer beschädigt.

1945
sowjetische Besatzungstruppen beschlagnahmen alle Einrichtungen der österreichischen BBC-Werke und transportieren sie nach Osten ab, weil es sich um «ehemaliges deutsches Eigentum» handle. Zehn Jahre später werden die geplünderten Werke zurückerstattet.
Stürmisches Wachstum im Wirtschaftswunder der Nachkriegs-

jahre: Der Konzernumsatz steigt von 1945 bis 1985 um das Siebzigfache.

1955
BBC hat weltweit 50 000 Arbeitnehmer.

1957
Auslieferung des ersten TEE-Zugs für die Strecke Zürich–Amsterdam.

1965
BBC Baden liefert erstmals Maschinen für ein Atomkraftwerk. Es steht im benachbarten Beznau.

1967
BBC übernimmt die Maschinenfabrik Oerlikon, Charles Browns und Walter Boveris ehemalige Arbeitgeberin.

1973
Ölkrise und Rezession. Bei BBC gibt es vorerst keine Entlassungen, weil die Auftragsbücher voll sind. Ab 1980 schmälern weltweite Überkapazitäten und ruinöse Preiskämpfe die Erträge.

1975
BBC hat 100 000 Arbeitnehmer. Beginn der Serienfertigung von Flüssigkristallanzeigen in Zusammenarbeit mit Hoffmann-La Roche, Basel.

1983
Bei BBC Baden kommt es erstmals seit Jahrzehnten zu Kurzarbeit und Entlassungen.

1984
BBC liefert die größte Gasturbine der Welt nach Hemweg (Niederlande).

1988
Brown Boveri fusioniert überraschend mit dem schwedischen Elektrokonzern Asea zur ABB Asea Brown Boveri AG. Chef des neuen Konzerns wird der schwedische Manager Percy Barnevik.

1989
ABB wird mit seinen weltweiten Niederlassungen aufgeteilt in 1200 selbstständige Firmen. Mit dem finanziellen Erbe der BBC expandiert Barnevik rasch und aggressiv nach Osteuropa und in die USA.

1990
ABB beschäftigt 220 000 Mitarbeiter in 140 Ländern. Die SBB bestellen 75 «Bahn 2000»-Lokomotiven. ABB kann nicht termingerecht liefern und muss hohe Strafen zahlen. Zudem treten an den Loks kostspielige Kinderkrankheiten auf; um Zeit und Geld zu sparen, hatte ABB hatte keinen Prototyp hergestellt.

1995
Die Sparte Eisenbahnbau wird in ein Joint Venture mit Daimler-Chrysler ausgelagert (Adtranz). 1999 stößt ABB das Bahngeschäft ganz ab.

1996
ABB hat eine neue Generation von Gasturbinen weltweit verkauft, ohne diese vorher zu testen. Schwere Mängel müssen mit Milliardenaufwand beseitigt werden. Hinzu kommen negative Schlagzeilen wegen Insidergeschäften, illegalen Kartellabsprachen und Schmiergeldzahlungen.

1999
ABB geht im Kraftwerkbau ein Joint Venture mit der französischen Alstom ein. Genau ein Jahr später verkauft ABB die defizitäre Sparte ganz an Alstom. Seither baut ABB keine Kraftwerke mehr.

2000
Asbestgeschädigte Mitarbeiter fordern von ABBs US-Tochterfirma Combustion Engeneering Schadenersatz in Milliardenhöhe. Der Wert der ABB-Aktie fällt von 220 Franken im Januar 2000 auf 1,41 Franken im Frühling 2002.

2002
Abzockerskandal: Es wird bekannt, dass Percy Barnevik und sein Nachfolger Göran Lindahl sich Pensionen von insgesamt 233 Millionen Franken auszahlen ließen. Ein Jahr später erstatten sie einen Teil zurück.

2003
Verkauf der ABB-Finanzabteilung an den US-Konkurrenten General Electric. Die Sparten Öl, Gas und Petrochemie werden nach und nach verkauft.

2004
ABB ist nur noch in der Automation und Energietechnik tätig und beschäftigt noch rund 100 000 Mitarbeiter.

2006
ABB erzielt in mehr als 100 000 Asbestfällen eine Einigung und bezahlt 1,4 Milliarden US-Dollar. Es verbleiben nur noch 11 000 Fälle, die bis Ende des Jahres erledigt sein sollten und unter 100 Millionen Dollar kosten dürften. Die Gewinnerwartungen sind gut, die Auftragsbücher voll. Der Aktienkurs steht Mitte 2006 wieder bei 15.40 Franken.

Walter Gerber

Hunderttausende von Schweizern verließen im 19. Jahrhundert die Heimat, um Hunger und Armut hinter sich zu lassen. Wer die Reise überlebte, wurde Kaffeebauer in Venezuela, Zuckerbäcker in Russland, Rinderzüchter in Texas, Lehrer in Kairo, Hotelier auf Samoa. Die meisten gewöhnten sich ans neue Klima, lernten die Sprache und freundeten sich mit Land und Leuten an. Nur manchmal, wenn das Heimweh nagte, hatten sie Lust auf ein Stück Käse – am liebsten großlöchrigen Emmentaler, den schweizerischsten aller Schweizer Käse. Also bestellten sie welchen gegen Vorauszahlung, worauf sich in Thun, Langnau oder Bern ein in Zinkblech verlöteter, wagenradgroßer Laib auf den Weg machte. Vielleicht nahm er die Bahn bis Rotterdam und ging dann auf einem Hanseschiff nach Russland oder an Bord eines Windjammers nach New Orleans, vielleicht auch mit einem Kokosnussdampfer um Kap Horn in die Südsee. Dank des Aufklebers «Store under the Waterline» wurde er ganz unten im Schiffsrumpf verstaut, wo es am kühlsten war. Einmal an Land aber lag er dann wochenlang in ungekühlten Zollfreilagern und brütend heißen Magazinen, um anschließend mittels Postkutsche, Ochsenkarren oder Eselsrücken den Dschungel, die Wüste oder die Steppe zu durchqueren und zu guter Letzt in der Küche des heimwehkranken Schweizers anzukommen. Aber groß war allzu oft dessen Enttäuschung. Was da nach monatelanger Reise durch Wind und Wetter, Sturm und Hitze bei ihm eintraf, war kein Emmentaler, wie er ihn aus der Heimat kannte, sondern ein verschwitztes, verschimmeltes und stinkendes Ungetüm. Die milde Würze hatte sich in beißende Schärfe, die goldene Farbe in schimmeliges Grau verwandelt, und zwischen den Zähnen fühlte sich der Käse nicht mehr samten-zart an, sondern bröckelig oder ledern-zäh. Die Hitze hatte die Teigstruktur des Emmentalers zerstört und Wasser und Fett aus der Käsemasse getrieben. Da noch nicht mal die Schweine den verdorbenen Käse fressen mochten, forderten die enttäuschten Kolonisten ihr Geld zurück und verzichteten fortan auf weitere Bestellungen.

Die so genannte «Äquatorkrankheit» des Emmentalers war ein herber Schlag für die exportorientierte Schweizer Käsewirtschaft. Weil ihr empfindlicher Käse die Hitze nicht ertrug, blieb ihm – mit Ausnahme der kühlen Länder Europas und Nordamerikas – der gesamte Weltmarkt verschlossen. Der Verzicht auf das Exportgeschäft aber war umso schmerzhafter, als im 19. Jahrhundert immer mehr Bauern in den Voralpen von der Getreide- auf die Milchwirtschaft umgestiegen und auch im Flachland Tausende von Käsereien entstanden waren, die viel mehr Käse herstellten, als ihre Landsleute jemals verzehren konnten. Um den Überschuss abzubauen, musste der Käse haltbar und tropenfest gemacht werden.

Die Jahrhundertwende war die Blütezeit der Lebensmittelchemie. In den Labors der Universitäten und der Industrie wurden Gott und die Welt mit Chemikalien behandelt, um festzustellen, ob nicht etwas Brauchbares dabei herauskommen würde. Es war die Zeit, da Maggi, Knorr und

Campbell unter Einsatz von überraschend giftigen Substanzen überraschend genießbare Lebensmittel entwickelten. So konnte es nicht ausbleiben, dass die Käseproduzenten Europas große Anstrengungen unternahmen, ihren Käse gegen die Äquatorkrankheit zu impfen. Erste Erfolge stellten sich rasch bei weichen Käsesorten wie Camembert und Limburger ein; da sie mehr Wasser enthielten als Hartkäse, konnte man sie mittels Erhitzung tropenfest sterilisieren, ohne die Kaseinstruktur zu zerstören. 1896 brachte im bayerischen Kempten Karl Hoefelmayer einen Camembert in Dosen auf den Markt; zwei Jahre später ließ sich der Holländer Jan Hendrikzoon Eyssen in Oosthuizen die tropenfeste Konservierung von holländischem Käse mittels Vakuumierung patentieren.

In der Schweiz hingegen war alles schwieriger. Versuchte man Emmentaler, Greyerzer und Sbrinz durch Erhitzen zu konservieren, so löste sich der Käse unumkehrbar in seine Bestandteile auf – das heißt, er fiel der Äquatorkrankheit sozusagen schon vor der Abreise anheim. Auch die Vakuumierung vermochte weder Pilzbefall noch Zersetzungsprozess zu verhindern. Gefragt waren also eine möglichst sanfte Sterilisation sowie eine Methode, Wasser und Fett besser mit dem Eiweiß zu verbinden, damit in den Tropen das fatale Schwitzen unterblieb. Für dieses Problem eine Lösung gefunden zu haben ist das große Verdienst Fritz Stettlers und Walter Gerbers in Thun, den Erfindern des Schmelzkäses, der vom Berner Oberland aus seinen Siegeszug durch die Welt antrat.

Walter Gerbers Vorfahren waren Emmentaler Käse- und Fellhändler gewesen. Das 19. Jahrhundert war die hohe Zeit der so genannten Käsebarone, die den Schweizer Käse in alle Welt vertrieben und damit zu beachtlichem Wohlstand kamen. Als nach 1850 landauf, landab Eisenbahnen gebaut wurden – und keine ins abgeschiedene Emmental führte –, erkannten die Gebrüder Hans, Fritz und Christian Gerber, dass ihr florierendes Handelsgeschäft in Langnau, weitab vom nächsten Bahnhof, keine Überlebenschance haben würde. Kurz nach der Eröffnung der Bahnlinie Bern–Münsingen–Thun 1859 verließ die Firma das Emmental, zog nach dem nahe gelegenen Thun und erwarb 1860 in kluger Voraussicht am Bahndamm ein großes Grundstück.

Neue Zeiten brachen 1905 an, als nach Christian Gerbers Tod dessen Enkel, der sechsundzwanzigjährige Walter, die Leitung des Familiengeschäfts übernahm. Als Sohn aus wohlhabendem Hause hatte Walter Gerber in Neuenburg an einer Privatschule Französisch gelernt und kaufmännische Praktika in Zürich, Marseille und London absolviert, um sich gründlich auf den Beruf des Käsebarons vorzubereiten. Von Anfang an aber scheint er ein großes Ziel gehabt zu haben: dem Emmentaler Hartkäse das Schwitzen auszutreiben, um ihn über den Ozean zu schicken und weltweit zu verkaufen. In den ersten Jahren glaubten er und sein Prokurist Fritz Stettler, dass es genüge, den Käse luftdicht zu pressen und in handliche kleine Blechdosen abzupacken. Sie entwarfen ein Alpenblumenmuster für die Dose, tauften den Käse auf den Namen «Fleur des Alpes» und ließen diesen beim Amt für geistiges Eigentum in Bern schützen. Im April 1906 präsentierten sie ihren Dosenkäse auf der Kolonialausstellung in Marseille. Leider stellte sich in der Folge heraus, dass «Fleur des Alpes» nach wie vor Schimmel ansetzte und kein Weg an einer Sterilisation mittels Erhitzung vorbeiführte. Also schmolzen die zwei Jungunternehmer den Emmentaler eigenhändig in Fünfliterpfannen und gossen ihn in die Blechdosen um – mussten aber feststellen, dass auch das keinen Schutz vor der Äquatorkrankheit bot. Darauf beschlossen Gerber und Stettler – die beide ausgebildete Kaufleute waren, aber weder von der Käserei noch von Chemie etwas verstanden –, die Sache mit wissenschaftlicher Gründlichkeit anzugehen. Sie beschafften sich milchwirtschaftliche Fachliteratur und richteten im ersten Stock des Thuner Stammhauses an der Allmendstraße 1 ein chemisches Versuchslabor ein.

Um das Ausschwitzen von Wasser und Fett unter Hitzeeinwirkung zu verhindern, gaben sie dem geriebenen Käse Stärkemehl und Gummiarabicum bei, was zwar dessen Konsistenz verbesserte, aber nicht gegen Pilzbefall und Überreife half. Nach fünf Jahren vergeblicher Versuche erzielten sie 1910 einen wesentlichen Fortschritt: Gerber und Stettler bauten Rührwerke in kleine Dampfkessel ein, erhitzten darin vorsichtig die Käsemasse unter Vakuum und Dampfzufuhr und rührten sie gleichzeitig derart kräftig um, dass sich Fett und Wasser stabiler mit dem Eiweiß verbanden und der Emmentaler eine deutlich verbesserte Haltbarkeit zeigte. So haltbar allerdings, dass er auch der Tropenkrankheit widerstanden hätte, war der neue «Fleur des Alpes» noch lange nicht.

Die eigentliche Geburtsstunde des Schmelzkäses schlug 1912, als Professor Robert Burri im nahen Bern die konservierende Wirkung von Natriumcitrat auf Lebensmittel untersuchte. Wie es scheint, unterhielt er gute Beziehungen zur Firma Gerber und ließ sie an den Ergebnissen seiner Forschungsarbeit teilhaben. Jedenfalls beschaffte sich Fritz Stettler im Juni 1912 eine erhebliche Menge Natriumcitrat, um eigenhändig Versuche zur Verbesserung des Dosenkäses anzustellen. Gleichzeitig verkaufte Gerber das herkömmliche Käsegeschäft an die Firma Bürki & Co. in Bern, um sich ganz der Forschung widmen zu können.

Wie aus dem Laborjournal hervorgeht, benutzten Gerber und Stettler als Zusätze neben Zitronensäure und Natriumcitrat auch Natriumhydroxid, Natriumbicarbonat, Calciumphosphat, Natriumsulfat und Milchsäure. Nach einem Jahr geduldiger, systematischer Versuche war es am 18. Juli 1913 so weit: Sie hatten das Erfolgsrezept des Schmelzkäsezusatzes gefunden.

Lösung 1:
1 Liter Wasser
1000 Gramm Natriumcarbonat
1050 Gramm Zitronensäure

Lösung 2:
2 Liter Wasser
200 Gramm Ätzkalk
500 Gramm Salz

Die Lösung 2 gab Stettler zur kochenden Lösung 1, wodurch sich eine cremig-gelbe Masse bildete. Fügte man diese Creme dem geriebenen Emmentaler bei, so verbesserte sich nicht nur dessen Haltbarkeit, sondern auch seine Struktur: Der Käse ließ sich nun richtig schmelzen, ohne dass Fett und Wasser sich vom Eiweiß trennten.

Der neue Schmelzkäse, den Gerber und Stettler vorerst bescheiden «Dosenkäse» nannten, war etwas noch nie Dagewesenes: Zwar verflüssigten auch sie wie ihre Vorgänger in Bayern und Holland den Käse durch Erhitzen, aber die beigefügte Zitronensäure führte zu einem Aufschluss des Kaseins und einer zuvor unbekannten Emulgierwirkung, wodurch ein neuartiges, bekömmliches Milchprodukt von zarter Konsistenz entstand. An der Schweizerischen Landesausstellung 1914 war der Gerberkäse ein großer Erfolg und wurde in der Sparte Milchwirtschaft mit einer Goldmedaille ausgezeichnet.

Natürlich hätten Walter Gerber und Fritz Stettler ihre Erfindung gern geheim gehalten und mit einem Patent geschützt. In der Schweiz aber war 1914 die Patentierung von Lebensmitteln nicht möglich, und zudem verstieß Gerberkäse gegen das in der Lebensmittelverordnung festgeschriebene Reinheitsgebot, wonach Käse außer Kochsalz keine fremden Beimischungen enthalten durfte. So war es nur eine Frage der Zeit, bis die ersten Nachahmer auf den Plan traten. Einen Monat nach Gerbers Auftritt bei der Landesausstellung bestellte im Juni 1914 die US-amerikanische Phenix Cheese Corporation eine ganze Kiste «Fleur des Alpes» und schickte ihren Manager Linn Eugene Carpenter in die Schweiz. In Thun erzählt man sich bis heute, dass dieser Carpenter ein leutseliger Mensch gewesen sei, der für zwei Monate ein Zimmer gegenüber von Gerbers Fabrik mietete und am Feierabend gern den einen oder anderen Arbeiter auf einen kleinen Schnaps, ein Scheibchen Speck und ein Schwätzchen einlud.

Hätten Walter Gerber und Fritz Stettler gewusst, dass sie ihre Erfindung zwar nicht in der Schweiz, aber sehr wohl in den USA hätten patentieren lassen können, so hätten sie es gewiss getan – und während vieler Jahre den Weltmarkt für Schmelzkäse dominiert. So aber fuhr Linn Eugene Carpenter nach vollbrachter Mission heim und ließ am 21. Juni 1915 die Gerbersche Methode des Käseschmelzens beim United States Patent Office patentieren.

Ein Jahr später meldete auch der Farmersohn und Käsehändler James Lewis Kraft in Chicago ein ähnliches Patent an und stieg damit rasch zum größten Käseverkäufer der Welt auf. 1921 folgte in Frankreich der erste Auftritt von «La vache qui rit», der lachenden roten Kuh.

Auch vor der schweizerischen Konkurrenz ließ sich das Geheimnis nicht wahren. 1918 beschlossen einige Burgdorfer Käsehändler, ebenfalls Schmelzkäse herzustellen. Sie fuhren mit ein paar tausend Franken nach Thun, um den einen oder anderen einfachen Arbeiter zu bestechen, kamen so billig ans Betriebsgeheimnis und nahmen 1919 die Produktion von «Chalet»-Käse auf. In der Folge schossen die Schmelzkäsefabriken wie Pilze aus dem Boden: ebenfalls 1919 in Langnau, 1922 in Schindellegi, 1923 in Luzern, dann auch in Vevey, Sumiswald, Bischoffszell, Zürich, Lausanne, Meilen, Bern, Uster und Bazenheid (SG).

Die meisten überlebten ein paar Jahre und gingen dann wieder ein – Gerber aber blieb und gedieh und hatte die Genugtuung, sich nach und nach die meisten Konkurrenten einzuverleiben. Denn wie so oft hatten die Erfinder einen Erfahrungsvorsprung vor den Nachahmern, weshalb Gerbers Schachtelkäse objektiv gesehen der beste war. Die ersten Jahre aber waren schwer. Kaum hatten die Gerber-Käsli ihren ersten Auftritt auf dem Markt gehabt, brach im August 1914 der Erste Weltkrieg aus, und der freie Handel kam zum Erliegen. Zwar hatten die Heere der Krieg führenden Nationen unersättlichen Bedarf an konservierten Nahrungsmitteln, und in Thun trafen besonders aus Deutschland große Bestellungen ein. Andrerseits wurden die Rohstoffe knapp, und die Produktion konnte mit der gestiegenen Nachfrage nicht mithalten. Sämtliche Lebensmittel waren rationiert, die Exporte staatlich kontrolliert und stark eingeschränkt. In der Not verlegte sich Gerber auf den Inlandsmarkt und ersetzte die Blechdose durch eine leichtere und billigere Käseschachtel aus Holzspan.

In dieser Lage gelang Walter Gerber 1918 ein unternehmerischer Geniestreich: Er wandelte das Unternehmen in eine Aktiengesellschaft um und verkaufte fünfundzwanzig Prozent der Aktien an den Verband Schweizerischer Milchproduzenten. Damit hatte er auf einen Schlag den quasi-staatlichen Milchproduzentenverband im Rücken, der ihm jederzeit Rohstofflieferungen in ausreichender Menge zu vorteilhaften Preisen garantierte. Das war umso wichtiger, als nach dem Friedensschluss von Versailles unter den Schweizer Schmelzkäsefabrikanten ein mörderischer Verdrängungskampf ausbrach. Mit allen Mitteln versuchten sie die Preise der Konkurrenz zu unterbieten, was oft auf Kosten der Qualität ging; manche operierten mit doppelten Schachtelböden und undurchsichtigen Gewichtsangaben und fügten so dem traditionell guten Ruf der Schweizer Milchwirtschaft erheblichen Schaden zu.

Aus diesem Überlebenskampf ging Gerberkäse als unbestrittener Schweizer Marktführer hervor. 1927 gelang Walter Gerber ein weiterer Streich: Er verkaufte nochmal fünfundzwanzig Prozent der Aktien an den Nahrungsmittelkonzern Nestlé und verschaffte sich damit Zugang zu dessen weltweitem Vertriebsnetz. Zum großen Sprung über den Atlantischen Ozean hatte die Thuner Firma schon ein Jahr zuvor angesetzt: Mit einer Werbekampagne, die allein 1926 über eine halbe Million Franken kostete, nahm sie den Kampf gegen die Nachahmer Kraft und Phenix Cheese auf. In Amerika hieß Gerbers Käse mit Rücksicht auf die Sprachgewohnheiten der Kundschaft nicht «Fleur des Alpes», sondern «Swiss Knight». Auf der Schachtel waren keine Alpenblumen abgebildet, sondern ein Schweizer Landsknecht, und erstmals prangte weiß auf rotem Balken der Name «Gerber», der seither das Kennzeichen des Unternehmens ist. Vergeblich wehrte sich Walter Gerber, der persönlich ein zurückhaltender Mensch war, dagegen, dass sein Name derart in den Vordergrund gerückt wurde. Schließlich beugte er sich dem Willen seiner Werbefachleute, trat aber wenige Monate später aus gesundheitlichen Gründen aus der Unternehmensleitung zurück.

Walter Gerber zählte erst siebenundvierzig Jahre, war aber von den großen Anstrengungen der Gründungszeit erschöpft. Er war noch immer der mächtigste Mann im Unternehmen und größter Einzelaktionär, aber seit dem Einstieg von Nestlé hatte die Familie die Aktienmehrheit verloren. Gerberkäse hatte ihn reich gemacht, aber seine Lungen waren angegriffen, und er litt unter dem rauen Thuner Bergklima. Zeitlebens kinderlos geblieben, leistete er sich mit Ehefrau Leonore in den letzten fünfzehn Jahren seines Lebens den großbürgerlichen Traum jener Zeit – er verbrachte die Sommermonate jeweils im mondänen Luzern und den Winter an der Côte d'Azur, wo er in Cannes eine schöne Villa besaß. Gelegentlich fuhr er nach Thun und sah sich in der Fabrik um, der er als Vizepräsident des Verwaltungsrats bis zu seinem Tod verbunden blieb. Er starb am 7. August 1942 zweiundsechzigjährig in seiner Luzerner Wohnung.

Gerberkäse – Die Geschichte

1836
Christian Gerber gründet in Langnau im Emmental eine Fell- und Käsehandlung.

1860
Nach Eröffnung der Eisenbahn Bern–Thun zieht die Firma Gerber nach Thun und erwirbt beim Bahnhof ein großes Grundstück.

1905
Christian Gerbers Enkel Walter und sein Prokurist Fritz Stettler unternehmen erste Versuche zur Konservierung von Emmentaler mittels Vakuum und Erhitzung.

1913
Die eigentliche Geburtsstunde des Schmelzkäses: Gerber und Stettler entdecken das Schmelzverfahren mittels Zitronensäure.

1914
Gerber Schmelzkäse ist bei der Schweizerischen Landesausstellung ein großer Erfolg. Konkurrenten aus den USA bestellen große Mengen, um den Schmelzkäse zu kopieren.

1914
Rohstoffmangel und erschwerte Exportbedingungen belasten die Anfangsjahre von Gerberkäse. Auf dem heimischen Markt aber setzt sich das Thuner Unternehmen rasch durch.

1920
Gerbers Konkurrentin Alpina Käse AG in Burgdorf gelingt es erstmals, anstelle der Ganzpackung die praktische Portionenpackung einzuführen. In der Folge stellen alle Schweizer Hersteller und später weltweit die meisten Produzenten auf Portionenpackung um.

1925
Unter den schweizerischen Schachtelkäseproduzenten herrscht ein gnadenloser Konkurrenzkampf, der hauptsächlich über den Preis ausgetragen wird, was mangelnde Qualität zur Folge hat. Zudem wird oft mit unlauteren Methoden wie doppelten Schachtelböden und undurchsichtigen Gewichtsangaben operiert.

1927
Gerber steigt mit einer umfangreichen Werbekampagne ins Nordamerika-Geschäft ein. Wegen des stark steigenden Exports werden die Fabrikanlagen in Thun bedeutend vergrößert.

1928
In den USA wird Gerbers Nachahmer Phenix Cheese vom zweiten Nachahmer J.L. Kraft übernommen.

1933
Die chaotischen Zustände unter den Schachtelkäseproduzenten drohen das Ansehen der ganzen Schweizer Milchwirtschaft zu schädigen. Zudem pflanzt sich der Preisdruck auf die traditionellen Käsesorten Emmentaler, Greyerzer und Sbrinz fort.

Auf Druck der halbstaatlichen Schweizer Käseunion schließen sich alle Fabrikanten zu einem Kartell, dem «Verband Schweizerischer Emmentaler Schachtelkäsefabrikanten», zusammen. Das Kartell legt die Rohstoff- und Verkaufspreise fest und macht Vorschriften zu Qualität, Gewicht, Format und Vertrieb.

1936
Gerber lanciert mit dem Gala-Frischkäse eine weitere Neuheit, die über die Jahrzehnte zum Klassiker auf dem Käsemarkt werden wird. Gala wird nicht aus Käse, sondern aus Doppelrahm hergestellt.

1939
Die Schweizer Armee bestellt bei verschiedenen Herstellern 7,5 Millionen Schachteln Schmelzkäse. Die Industrie verpflichtet sich, eigens für die Armee geeignete Lager an Rohprodukten einzurichten. Auch an das Rote Kreuz gehen umfangreiche Lieferungen.

Der Export kommt während des Zweiten Weltkriegs vollständig zum Erliegen. Trotzdem ist Gerber gut beschäftigt, da die Inlandnachfrage groß bleibt.

1960
Gerber lanciert als Weltneuheit das Fertigfondue in der Schachtel.

1964
Mit dem Bau eines neuen Fabrikgebäudes am Bahndamm wird die Fabrikationsfläche auf dem Thuner Werkgelände nahezu verdoppelt.

1983
Gerber erwirbt eine 66-prozentige Mehrheitsbeteiligung an der Chalet-Alpina-Käse AG in Burgdorf.

1986
Gerber liefert pro Jahr 6000 Tonnen Schmelzkäse und Fertigfondue aus. Das ist rund ein Drittel der gesamtschweizerischen Produktion. Von den insgesamt 63 Millionen Franken Umsatz werden 40 Millionen auf dem Schweizer Markt erzielt, der Rest vor allem in USA, Kanada und Großbritannien.

2002
Der innerschweizer Milchkonzern Emmi wird Mehrheitsaktionär der Gerberkäse AG. Die 170 Arbeitsplätze in Thun sind zu keinem Zeitpunkt in Gefahr.

2003
Emmi restrukturiert nach seiner Großeinkaufstour weiter. Gerberkäse wird mit seinen ebenfalls übernommenen traditionellen Konkurrenten Tiger Käse und Zingg vereint. Dadurch entsteht ein international schlagkräftiges Fondue-, Schmelz- und Frischkäseunternehmen mit 130 Millionen Franken Umsatz. Die Fabrik von Zingg in Bern-Liebefeld wird geschlossen, die 70 Angestellten erhalten Stellen in Thun und Langnau.

2004
Am 1. Januar verschwindet der Name Gerberkäse AG offiziell. Die Thuner Traditionsfirma hat sich mit der Tiger Käse AG in Langnau und der Zingg AG im Liebefeld bei Bern zur Emmi Fondue AG zusammengeschlossen. Die Tochter des Emmi-Konzerns vermarktet ihre Produkte aber weiterhin unter den bekannten Namen.

Emil Bührle

Bevor der Weltkrieg Emil Bührle zu Hitlers Waffenschmied machte, war er ein kunstverliebter Jüngling ohne jeden Ehrgeiz. Tagsüber besuchte er das Gymnasium in Freiburg im Breisgau, die Abende verbrachte er bei seinem Deutschlehrer, der gerne bildhauerte und mit den Schülern über Rilke, Thomas Mann und Hofmannsthal diskutierte. Und dann war da auch eine Elisabeth, die ihn die deutsche Lyrik lieben lehrte. Es sei für ihn selbstverständlich gewesen, nach dem Abitur im Juli 1909 Literaturgeschichte, Philosophie und Kunstgeschichte zu studieren, schrieb Bührle in seinen Lebenserinnerungen – «sehr con amore und angesichts so vielseitiger Interessen ohne jeden Examensfleiß». Nach zwei Semestern wechselte der Sohn eines badischen Staatsbeamten von der Universität Freiburg nach München und entdeckte in der Neuen Pinakothek die großen Werke Claude Monets, Cézannes und van Goghs. Nebenher schrieb er an einer Doktorarbeit über den pietistischen Roman von Jean Paul.

Aber dann erschoss am 28. Juni 1914 in Sarajevo der Anarchist Gavrilo Princip den österreichischen Thronfolger Franz Ferdinand, und Kunststudent Emil Bührle wurde als Kavallerist an die Westfront nach Frankreich geschickt. In den folgenden fünf Jahren kämpfte er in Russland und Rumänien und zum Kriegsende wieder in Frankreich. Wie viel Grauen, Elend und Kummer der empfindsame junge Mann in jenen Jahren erlebte, welche Greuel er gesehen, erlitten und selbst begangen haben mag, weiß man nicht. Sicher ist nur, dass der Krieg den schwärmerischen Jüngling in einen harten, einsamen und in sich gekehrten Mann verwandelte, der sich selten und ungern offenbarte. Erst vierzig Jahre später erwähnte er in einer Rede beiläufig, dass «die dünne Haut des Ästheten» während der Kriegsjahre «die für dieses harte Dasein notwendige Gerbung» erfahren habe; aus «einem wirklichkeitsfremden Ästhetiker und Philosophen» sei ein Mensch geworden, der es gewohnt war, «rauen Tatsachen nüchtern ins Auge zu schauen, rasche Entschlüsse zu fassen, zu handeln und Verantwortung für andere zu tragen».

Als der Krieg vorbei war, hätte Emil Bührle heimkehren und seine literarische Doktorarbeit zu Ende bringen können. Aber er tat es nicht. Stattdessen blieb er ein weiteres Jahr als Regimentsadjutant bei seinem Kavallerieregiment, um die Grenzen zu sichern, Kommunistenaufstände niederzuschlagen und Hungerrevolten zu unterdrücken. Im Herbst 1919 hatte seine Einheit den Auftrag, in Sachsen-Anhalt für Ruhe und Ordnung zu sorgen. Hauptquartier war Magdeburg, auf halbem Weg zwischen Hannover und Berlin. Dragonerhauptmann Bührle wurde im Villenviertel Sudenburg an der Lennéstraße 13 einquartiert, im Haus des Bankiers und Handelsgerichtsrats Ernst Schalk, Inhaber des Bankhauses F. A. Neubauer und zudem Vater einer Tochter namens Charlotte, die schon dreiundzwanzig Jahre alt war. Der Bankier hatte nichts dagegen, dass Charlotte sich in den sechs Jahre älteren, großgewachsenen Krieger mit dem energischen Kinn und den sanften Augen verliebte. Als aber die jungen Leute offiziell an Verlobung und Heirat dachten, riet der erfahrene Geschäftsmann dem künftigen Schwiegersohn dringend von der Offizierslaufbahn ab; denn im winzigen Landheer von hunderttausend Mann, das der Versailler Friedensvertrag Deutschland noch zugestand, standen die Aufstiegschancen schlecht. Ernst Schalk ließ seine Beziehungen spielen und verschaffte dem Bräutigam eine Stelle als Volontär in der Maschinenfabrik Magdeburg. Ein knappes Jahr später, am 2. September 1920, gaben Emil Georg Bührle und Wilhelmine Charlotte Schalk einander im Standesamt Magdeburg-Altstadt das Jawort, und am gleichen Tag wurde der Hauptmann a.D., der keinerlei Kenntnis von Betriebs- oder Volkswirtschaft hatte, zum Prokuristen der Maschinenfabrik Magdeburg befördert.

Es war die Zeit der deutschen Reparationszahlungen, der Nachkriegsdepression und der Hyperinflation. Wer Geld hatte, brachte es im Ausland in Sicherheit – vorzugsweise in der Schweiz, die vom Krieg verschont geblieben und mit einer harten Währung gesegnet war. Und weil der Friedensvertrag den Besiegten praktisch jede Waffenproduktion untersagte, kauften deutsche Unternehmen Fabriken in neutralen Ländern, um heimlich die Wiederaufrüstung Deutschlands vorzubereiten. Besondere Beliebtheit genoss dabei die Schweiz, weil sie keinerlei staatliche Kontrolle bei Produktion und Export von Rüstungsgütern kannte und auf ihrem Staatsgebiet der Versailler Vertrag nicht galt.

Im Oktober 1923 kaufte die Maschinenfabrik Magdeburg die marode Werkzeugmaschinenfabrik Oerlikon am nördlichen Stadtrand Zürichs. Um die Schweizer Tochter wieder in Schwung zu bringen, brauchte es einen Mann, der es gewohnt war, «rauen Tatsachen ins Auge zu schauen und rasche Entschlüsse zu fassen». Die Firmenleitung schickte Emil Bührle nach Zürich, damit er in den ersten Monaten nach dem Rechten sehe.

Er betrat die Werkzeugmaschinenfabrik Oerlikon zum ersten Mal am Sonntagmorgen, dem 20. Januar 1924. Bührle war beeindruckt von den ansehnlichen roten Backsteinbauten und den sauberen, geräumigen Werkstätten, die viel zu groß waren für die noch beschäftigten achtzig Arbeiter und sechzig Angestellten. Insgesamt erweckte die Fabrik, so Bührle später, «den mir buchstäblich geläufigen Eindruck eines leeren Schlachtfeldes». Der traurigste Anblick aber war das zum Bersten volle Lager an hochwertigen und unverkäuflichen Werkzeugmaschinen. Da standen aufeinander gestapelt Hunderte von Drehbänken, Horizontalbohrwerken, Fräsmaschinen und Kegelradhobelmaschinen, für die sich in der Wirtschaftskrise mit Sicherheit kein Käufer finden ließ. Emil Bührle, der schon bei Kriegsende geahnt hatte, dass die Kapitulation Deutschlands unweigerlich zum nächsten Krieg führen werde, erkannte mit unternehmerischem Weitblick, dass die Welt in den nächsten Jahren wenig Bedarf an zivilem Werkzeug haben würde. Zwar bemühte sich der Völkerbund um Abrüstung und rief die Jugend «Nie wieder Krieg!». Aber was die Welt in naher Zukunft wieder kaufen würde, waren Bomben und Kanonen.

Nun wollte es der Zufall, dass in jenem Frühling 1924 gleich nebenan die Maschinenfabrik Seebach, die ebenfalls in deutschem Besitz war und Infanteriekanonen für die Reichswehr entwickelt hatte, liquidiert wurde. Bührle besichtigte die automatischen 20-Millimeter-Kanonen, erkannte fachmännisch ihr Potenzial und empfahl der Zentrale in Magdeburg, die Kanonen samt zugehörigen Patenten aus der Liquidationsmasse zu erwerben. Der Kauf kam im August 1924 zustande. Von diesem Augenblick an war das Oerlikoner Werk nicht mehr nur Werkzeugmaschinenfabrik, sondern auch Waffenschmiede und Emil Bührle ihr Direktor. Zehn Jahre waren vergangen, seit der Kunststudent seine Doktorarbeit beiseite gelegt hatte und in den Krieg gezogen war. An eine baldige Heimkehr war nicht mehr zu denken. Bührle ließ Gattin Charlotte mit dem dreijährigen Sohn Dieter nachkommen und mietete eine Vierzimmerwohnung in der Nähe der Fabrik.

Offiziell war die Werkzeugmaschinenfabrik Oerlikon noch immer ein Schweizer Unternehmen. Aber sie gehörte deutschem Kapital, wurde von deutschen Ingenieuren geleitet und stand im Dienst der Reichswehr. Nur zwei Monate nach der Übernahme, am 28. November 1924, sicherte die Heeresleitung Bührle vertraglich «weitgehende Unterstützung durch die deutsche Heeresverwaltung, besonders durch Zuweisung von Mitteln» zu. Im Gegenzug verpflichtete er sich, «das Neuste und Beste auf diesem Gebiete der deutschen Heeresverwaltung zuerst anzubieten und nur mit deren Genehmigung für die Verwertung im Auslande freizugeben».

Die ersten Jahre waren schwierig. Deutschland als wichtigster Kunde litt unter Hyperinflation sowie Kriegsschulden und durfte laut Versailler Vertrag kein Kriegsgerät kaufen, wünschte aber nicht, dass Oerlikon Kanonen an Frankreich, England, Russland und Amerika lieferte. In den ersten zwei Jahren verkaufte Bührle eine einzige Kanone und zweitausend Schuss Munition, und zwar nach Mexiko. Zwei Jahre später gingen noch mal zehn Kanonen nach Mexiko, Deutschland bestellte eine, die Türkei zwei, Finnland und die Tschechoslowakei je vier.

Im Mai 1926 kam Tochter Hortense zur Welt. Nunmehr zu viert, bezog Familie Bührle eine Villa im vornehmen Zollikon am Zürichsee, weitab von den Fabrikschloten Oerlikons. Und dann geschah es zu Emil Bührles großem Glück, dass das Magdeburger Mutterhaus 1927 selbst in die roten Zahlen geriet. Er nutzte die Gunst der Stunde, erwarb mit finanzieller Hilfe des Schwiegervaters 15 Prozent der Oerlikoner Aktien und war fortan nicht mehr angestellter Direktor, sondern Miteigentümer der rasch wachsenden Firma. 1929 gelang es ihm gar, eine Aktienmehrheit von 52 Prozent zu erlangen. Kurz darauf forderte die chinesische Bürgerkriegsregierung Chiang-Kaishecks gleich 120 Kanonen und 150 000 Geschosse an. Bührle nahm den Auftrag ohne zu zögern an, lieferte aber gleichzeitig auch an Chinas Kriegsgegner Japan. Im folgenden Jahr gingen 45 Kanonen nach Deutschland. Weil das gegen den Versailler Vertrag verstieß, machte Oerlikon-Bührle es sich zur Gewohnheit, Deutschland unter falscher Deklaration zu beliefern oder exotische Länder als Empfänger vorzuschieben. Manchmal schmuggelte man auch Munition in Direktor Bührles Privatwagen nach Friedrichshafen, Singen oder Lörrach.

Kaum hatte Bührle sich die Aktienmehrheit gesichert, befreite er sich von der deutschen Bevormundung und machte es sich zum Grundsatz, jeden zu beliefern, der zahlen konnte. In den dreißiger Jahren stieg eine Nation um die andere ins Wettrüsten ein, und die Geschäfte entwickelten sich glänzend. Bührle verkaufte Waffen nach England, Deutschland und Frankreich, nach Nord- und Südamerika, nach Finnland, Estland, Lettland, in die Tschechoslowakei und in die Türkei. Sogar in die Sowjetunion lieferte Bührle, der zeitlebens ein glühender Antikommunist war, seine Kanonen. Als der Spanische Bürgerkrieg ausbrach, lieferte er an die Republikaner und an Francos Putschisten. Und als Mussolinis Truppen Äthiopien überfielen, kämpften die italienischen Soldaten mit Bührle-Kanonen, und der äthiopische Kaiser Haile Selassie bediente persönlich ein 20-Millimeter-Geschütz aus Oerlikon.

Die Werkzeugfabrik Oerlikon war längst kein leeres Schlachtfeld mehr. 1934 beschäftigte das Unternehmen schon vierhundert Menschen, zweieinhalb Mal so viele wie 1924. Zehn Jahre waren vergangen, seit Emil Bührle die Fabrik übernommen hatte, und zwanzig Jahre, seit der Kunststudent seine Doktorarbeit beiseite gelegt hatte. 1937 brachte er sämtliche Aktien in seinen Besitz und wandelte das Unternehmen in eine Kommanditgesellschaft um, in der er allein das Sagen hatte und mit seinem gesamten Privatvermögen haftete. Bis 1938 verdreifachte sich die Zahl der Beschäftigten auf 1240, und als im September 1939 der Zweite Weltkrieg ausbrach, standen 2264 Menschen in Bührles Dienst.

Da ihm der Krieg mehr Geld in die Kassen spülte, als er und seine Nachkommen jemals würden ausgeben können, erinnerte Emil Bührle sich seiner Liebe zu den schönen Künsten. 1934 kaufte er eine Zeichnung von Degas und ein Stillleben von Renoir. 1937 folgten eine Landschaft von Monet, ein kleines Cézanne-Bild und ein Blumenstillleben von van Gogh sowie Werke von Manet und Gauguin. In der Folge erlag der Waffenschmied einer lebenslangen Sammelwut. Im Lauf der Jahre erstand er unter anderem 12 Renoirs, 19 Cézannes, 14 Degas, 7 Gauguins, 14 van Goghs, 15 Manets, 12 Monets und 10 Toulouse-Lautrecs. Er nahm eine Wohnung neben seiner Villa und überschwemmte sie mit den Werken französischer Impressionisten. Leider konnte er nur wenig Zeit für seine Sammlung erübrigen. Wenn er spätabends noch Gäste hatte, führte er sie manchmal schweigend in einem willkürlichen Parcours durch die möbelleere Wohnung – von einem Meisterwerk zum nächsten.

Dramatisch wurde die Lage, als Hitler im Sommer 1940 Frankreich überfiel und die Schweiz sich von den Achsenmächten umzingelt sah. Für Oerlikon-Bührle bedeutete das, dass Lieferaufträge über 250 Millionen Franken an Frankreich, England und Holland nicht mehr ausgeführt werden konnten. Für Emil Bührle kam das nicht überraschend: Schon viele Monate zuvor war er mit Nazideutschland übereingekommen, dass er seine Kanonen der Reichswehr liefern würde, falls die alliierte Kundschaft ausfiel. In den vier Jahren bis Juli 1944 stand die Werkzeugmaschinenfabrik praktisch ausschließlich im Dienst der deutschen Wehrmacht, und die bestellte so viel, dass Bührle die Kundschaft zuweilen um ein ganzes Jahr vertrösten musste. Von 1941 bis 1944 schickte er jedes Jahr Rechnungen für 120 bis 180 Millionen Franken nach Berlin. Aber auch aus Washington und London floss Geld nach Oerlikon. Zwar war es Bührle nicht möglich, Kanonen an die Alliierten zu liefern, aber die USA stellten über 150 000 Oerlikon-Geschütze, Großbritannien mehr als 35 000 Bührle-Kanonen selbst her. Manchmal bezahlten sie die Lizenzgebühren, manchmal nicht.

Ein wohlhabender Mann war Emil Bührle schon in den dreißiger Jahren geworden – aber der Krieg machte ihn steinreich. Zwischen 1939 und 1945 stieg sein ausgewiesenes Einkommen von 6,8 auf 26 Millionen Franken und sein versteuertes Vermögen von 8,5 auf 127 Millionen Franken. Falls ihn dabei je das Gewissen gequält haben sollte, hat er das nie öffentlich zugegeben. Im November 1942 antwortete er einem Reporter der *Gazette de Lausanne*, der wissen wollte, ob ihn als Waffenschmied zuweilen das schlechte Gewissen plage: «Aber nicht im geringsten! Man muss die Menschen nehmen, wie sie sind. Seit es Menschen gibt, haben sie mit Stöcken und Äxten aufeinander eingeschlagen. Heute sind sie ein wenig intelligenter geworden. Übrigens gibt es kein Land, dem ich nicht schon Waffen und Munition lieferte, schon viele Jahre vor dem jetzigen Krieg.» Und als der Reporter wissen wollte, ob er sich manchmal einsam fühle, sagte Bührle: «Sie berühren da einen empfindlichen Punkt. Das ist wohl das Schicksal jedes Mannes, der zu großer Verantwortung aufsteigt. Man muss schon auf gewisse Dinge verzichten.»

Emil Bührle war der Ansicht, der schweizerischen Neutralität sei Genüge getan, wenn seine Waffenfabrik alle Kriegsparteien gleichmäßig mit Waffen belieferte. Die Alliierten sahen das anders. 1941 setzten sie ihn und seine Unternehmen auf die Schwarze Boykottliste der Nazizulieferer. Zweimal bombardierten britische Flugzeuge den Zürcher Stadtteil Oerlikon – angeblich aus Versehen, wie London beide Male eilig nach Bern telegraphierte. 1940 wurden mehrere Wohnhäuser am Bahndamm getroffen, elf Menschen verletzt und eine Frau getötet; im Mai 1943 blieb ein Blindgänger fünfhundert Meter neben der Fabrik auf einem Bahndamm liegen. Bührles Fabrik wurde beide Male nicht getroffen. Aber viele Beobachter sahen den Angriff als Wink mit dem Zaunpfahl an die Adresse der Schweizer Waffenschmiede. Emil Bührle ließ sich nicht davon abhalten, weiterhin nach Kräften für Hitlers Armeen zu produzieren. Erst als nach der Schlacht von Stalingrad klar war, dass Deutschland den Krieg verlieren würde, begann er sich wieder um alliierte Kundschaft zu bemühen. Und als im Herbst 1944 der Bundesrat unter dem Druck der Westmächte doch noch ein totales Ausfuhrverbot für Kriegsmaterial erließ, versuchte er vergeblich, die 1940 stecken gebliebenen alliierten Aufträge über 250 Millionen Franken zu reaktivieren.

Als weitsichtiger Unternehmer hatte Bührle früh geahnt, dass die Kriegskonjunktur einmal ein Ende haben würde. Um sein ziviles Standbein zu stärken, erwarb er drei unrentable Textilfabriken und begann mit dem Bau von Büromaschinen, Motoren und Eisenbahnbremsen. Gleichzeitig versuchte er sein Ansehen in der schweizerischen Öffentlichkeit zu verbessern, indem er als Kunstmäzen in Erscheinung trat. Eine erste gute Tat vollbrachte er 1941, als er den Erweiterungsbau des Zürcher Kunsthauses mit zwei Millionen Franken finanzierte. Als er aber im gleichen Jahr auch dem Zürcher Schauspielhaus zwei Millionen für einen Neubau schenken wollte, stieß er auf empörte Ablehnung: Die aus Deutschland emigrierten Theaterleute wollten kein Geld annehmen, das aus Waffengeschäften mit den Nazis stammte. Und als er mit einer Spende von weiteren zwei Millionen Franken eine «Goethe-Stiftung für Kunst und Wissenschaft» ins Leben rief, hatte der schweizerische Schriftstellerverband erst einige Einwendungen gegen das «Blutgeld», nahm es dann aber verlegen entgegen mit dem Argument, dass dieses Geld erstens nicht stinke, zweitens von braven Proletariern erarbeitet worden sei und drittens viel Gutes für Schriftsteller in Not bewirken könne. Einzig der Berner Journalist Hans Schwarz stieß in der Zeitung *Nation* vom 7. Februar 1945 eine schreckliche Verwünschung aus: «Diese zwei Millionen sind Blutgeld vom ersten bis zum letzten Rappen ... Sie sind umweht vom Leichengeruch der Massengräber ... Sie sind bezahlt mit dem Verlust einer zweitausendjährigen Kultur und bedeckt mit dem Moderstaub geborstener Dome und verbrannter Städte ... Wer dieses Geld mit dem Nagel eines Fingers berührt, soll geächtet sein im Lande der Freien. Dem Dichter und Literaten, der die Hand ausstreckt nach diesem Geld, soll diese Hand verdorren und das Gehirn dazu, und er soll keine Ruhe finden in schlaflosen Nächten bis an sein verfluchtes Ende, und aus dem Dunkeln der Nacht sollen ihn die großen Augen der Kinder anstarren, denen man Vater und Mutter und Heimat nahm!»

Als 1945 die Waffen schwiegen, geriet die Rüstungsbranche für ein paar Jahre in die Krise. Viele Waffenschmiede gingen in Konkurs oder stiegen auf zivile Bereiche um. Auch bei Oerlikon-Bührle sank der Umsatz von 200 Millionen Franken auf ein Zehntel, und Emil Bührle musste über fünf Jahre lang monatlich eine Million Franken aus seinem Privatvermögen ins Unternehmen stecken. Aber dann begann der Kalte Krieg, und Oerlikon-Kanonen waren wieder gefragt. Schon 1947 strichen die USA Bührle von der Schwarzen Liste, weil die Navy 240 000 Stück 8-Zentimeter-Luft-Boden-Raketen kaufen wollte. Um dem Geschäft nicht im Weg zu stehen, hob die schweizerische Landesregierung das Waffenexportverbot auf, worauf die Umsätze wieder in die Höhe schnellten. Eben noch weltweit als «Nazi friend» verschrien, hatte sich Emil Bührle in kürzester Zeit zum prominenten Verteidiger der freien Welt und Kämpfer gegen den Kommunismus gewandelt. Die US-Navy lud ihn und seine Frau Charlotte in die USA ein, die Universität Zürich stellte ihm den Ehrendoktortitel in Aussicht. Einzig die bessere Zürcher Gesellschaft, der er so gern angehört hätte, verwehrte ihm hartnäckig den Zutritt. Das fand Bührle bitter ungerecht. «Es scheint mir immer paradox», sagte er am 9. März 1955 vor der Zürcher Volkswirtschaftlichen Gesellschaft, «dass man den Soldaten ehrt, aber den, der die Waffen erzeugt, diskriminiert.»

Sein Protest sollte ihm ebenso wenig nützen wie sein Mäzenatentum in Malerei, Musik und Literatur. Er wurde in keine Zunft aufgenommen, war nie am Sechseläuten dabei und wurde von der Zürcher Bourgeoisie kaum je zu Taufen, Hochzeiten und Geburtstagsfeiern eingeladen. Emil Bührle starb während der Arbeit am 28. November 1956, drei Monate nach seinem sechsundsechzigsten Geburtstag, unerwartet an Herzversagen.

Bührle – Die Geschichte

1906
Da die Maschinenfabrik Oerlikon sich immer mehr auf die Elektrotechnik verlegt, spaltet sich die Abteilung Werkzeugmaschinen ab und wird als Schweizerische Werkzeugmaschinenfabrik Oerlikon (SWO) neu gegründet. Das Unternehmen beschäftigt 150 Mitarbeiter.

1907
Die SWO bezieht den Fabrikneubau an der Birchstraße in Oerlikon und stellt Werkzeugmaschinen für die Metallbearbeitung her.

1911
Die SWO baut den ersten Flugzeugmotor der Schweiz. Es fehlt aber an den Mitteln, das Projekt weiterzuverfolgen.

1914
In der Weltkriegskonjunktur boomt die Metallbranche. Aber die SWO hat zu wenig finanzielle Reserven, um ihre anerkannt guten Produkte zu vermarkten. Die internationale Konkurrenz drückt auf die Preise.

1923
Die Aktien der SWO werden von der norddeutschen Magdeburger Werkzeugmaschinenfabrik übernommen. Weil das Unternehmen in deutschem Besitz ist, darf es sich nicht mehr

«Schweizerisch» nennen und firmiert von nun an unter dem Namen Werkzeugmaschinenfabrik Oerlikon (WO).

1924
Die Werkzeugmaschinenfabrik Oerlikon übernimmt die Maschinenbau AG Seebach, einen Produzenten von Flugzeugen und Panzerabwehrgeschützen. Aus Magdeburg reist Emil Bührle an, um die WO in Schwung zu bringen.

1927
Emil Bührle erwirbt 15 Prozent der WO-Aktien. Bis 1936 gelangen schrittweise sämtliche Aktien in seinen Besitz.

1936
Eine Investorengruppe gründet mit Bührle in Zürich die Contraves AG als Büro zum Studium von technisch-wissenschaftlichen Fragen auf dem Gebiet der Fliegerabwehr. Beginn der Entwicklung von Feuerleitgeräten. Der Firmenname Contraves stammt aus dem Lateinischen («contra aves» = gegen Vögel).

1939
Bührle gründet zusammen mit anderen Unternehmen die Pilatus Flugzeugwerke in Stans.

1941
Oerlikon-Bührle kommt als Nazizulieferer auf die Schwarze Liste der Alliierten. Bührle weitet seine Unternehmungen in den zivilen Sektor aus. Er übernimmt zwei Spinnereien in Windisch und Bütschwil, nimmt die Produktion von Eisenbahnbremsen und Büromaschinen (1943) sowie einer Strumpfwirkmaschine (1946) auf.

1944
Emil Bührle übernimmt schrittweise alle Aktien der Contraves AG.

1956
Emil Bührle stirbt am 28. November 66-jährig an Herzversagen. Sein Sohn Dieter Bührle, der in Zürich 1951 als Jurist promoviert hat, übernimmt die Leitung des Unternehmens. Er reorganisiert und vergrößert den Konzern, der sich vom Familienbetrieb zur Publikumsgesellschaft wandelt.

1968
«Bührle-Skandal»: Mithilfe von gefälschten Endverbraucher-Erklärungen aus Frankreich hat die WO zwischen 1964 und 1968 die Bundesbehörden getäuscht und dadurch Bewilligungen für den Export von Kriegsmaterial – insbesondere 36 Fliegerabwehrgeschütze – im Wert von 54 Millionen Franken nach Südafrika erhalten.

1970
Dieter Bührle wird wegen illegaler Waffenlieferungen in die Konfliktländer Südafrika und Nigeria zu einer bedingten Gefängnisstrafe verurteilt. In der Armee wird Bührle als Oberst im Generalstab 1971 zur Disposition gestellt.

1972
Neustrukturierung des Bührle-Konzerns durch Zusammenfassen der einzelnen Firmen zu Konzerngruppen. So entstehen u. a. die Konzerngruppe Oerlikon Bührle Wehrtechnik (mit der Firma Werkzeugmaschinenfabrik Oerlikon) und Oerlikon Bührle Contraves (mit der Firma Contraves AG). Das konzerneigene Hotel Zürich wird eröffnet.

1977
Oerlikon-Bührle übernimmt die Aktienmehrheit an der C.F. Bally AG vom Finanzjongleur Werner K. Rey und wird zum größten Schweizer Industriekonzern mit 38 000 Angestellten.

1978
Dieter Bührle erhält einen Verdienstorden des Apartheidregimes Südafrikas für seine Handelstätigkeit mit dem boykottierten Staat.

1979
Bührle entwickelt in Kooperation mit dem US-Unternehmen Martin Marietta das Fliegerabwehrsystem Adats. Die Entwicklungskosten für das Prestigeprojekt geraten bald außer Kontrolle und führen in der zweiten Hälfte der achtziger Jahre zu Verlusten in der Höhe von fast 2,5 Milliarden Franken.

1990
Dieter Bührle zieht sich nach Auseinandersetzungen mit seiner Schwester Hortense Anda-Bührle nach 34 Jahren an der Konzernspitze 69-jährig aus dem Unternehmen zurück.

1991
Die neue Führung strukturiert den Konzern radikal um. Die Waffenproduktion wird redimensioniert, das Schwergewicht soll künftig in den Bereichen Technologie (Balzers, Contraves), Konsumgüter (Bally, Textil) und Dienstleistungen (Immobilien, Hotels) liegen.

1996
Die neue Strategie verfängt nicht, Oerlikon-Bührle bleibt in den roten Zahlen. Das Hotel Zürich und die Spinnerei Bütschwil werden verkauft. 1998 wird auch die Spinnerei in Windisch veräußert.

1999
Oerlikon-Bührle will seine «Fokussierung auf ausgewählte Technologiebereiche» fortsetzen und verkauft Bally an die texanische Investorengruppe Texas Pacific Group. Oerlikon-Contraves geht an die deutsche Rheinmetall AG.

2000
Oerlikon-Bührle wird in Unaxis umgetauft. Im Dezember wird Pilatus an eine mehrheitlich schweizerische Investorengruppe verkauft. Das Unternehmen konzentriert sich fortan auf Zulieferungen an die Halbleiterindustrie. Trotz aller Umstrukturierungen will sich der Erfolg nicht einstellen. Das Eigenkapital ist binnen zwanzig Jahren von 3,6 auf 1,2 Milliarden Franken geschrumpft.

2005
Am 23. Mai 2005 geht Unaxis nach monatelangem Übernahmekampf an die österreichische Beteiligungsgesellschaft Victory. Die Gründerfamilien Bührle und Anda haben ihre Beteiligung von 21 Prozent zur Überraschung der Konzernleitung an die Firmenjäger Mirko Kovats und Ronny Pecik verkauft, wodurch sich deren Anteil auf 57 Prozent erhöht. Die Zukunftsaussichten der 2100 Angestellten in der Schweiz und Liechtenstein (6800 weltweit) sind ungewiss.

2006
Unter österreichischer Führung schreitet der Umbau der ehemaligen Waffenschmiede rasch voran. Unaxis verkauft die Halbleitersparte und investiert den Erlös von rund 500 Mio. Franken in die Sparten Solar- und Vakuumtechnik. Ende Mai beschließt die Aktionärsversammlung in Luzern, Unaxis in Anlehnung an die industrielle Tradition des Unternehmens wieder in «OC Oerlikon» umzutaufen. Mitte Juli verkaufen die österreichischen Hauptaktionäre 10,25 Prozent aller Aktien an die russische Industrieholding Renova Group. Vor der Presse betonen die russischen Investoren, dass besonders die Sparte Solarzellen für den osteuropäischen Markt interessant sei.

Anhang

Quellen

Rudolf Lindt

Jean Heer, *Nestlé. Hundertfünfundzwanzig Jahre von 1866 bis 1991*, Vevey 1991.

Hans Rudolf Schmid, *Die Pioniere Sprüngli und Lindt*, Zürich 1970.

Hans Peter Treichler, Georg Corradi u. a., *150 Jahre Freude bereiten. Chocoladefabriken Lindt & Sprüngli AG 1845 bis 1995*, Kilchberg, Kanton Zürich 1995.

Dokumente aus dem Firmenarchiv «Lindt & Sprüngli» in Kilchberg, Kanton Zürich.

Carl Franz Bally

Peter Heim, *Königreich Bally*, Baden 2000.

Bally-Festschriften und –Jahresberichte.

Tagebuch von C. F. Bally.

Chronologisches Tagebuch der C. F. Bally AG.

Julius Maggi

Michele Maggi, *Animadversiones in medicamentorum agenti modum*. Dissertation, Padua 1836.

Wilfried Meili, *Zwei Generationen Maggi. Familien- und Firmengeschichte*, Privatdruck, Effretikon 1994.

G. Pfister, *Maggi-Chronik*, ohne Ortsangabe 1942.

Peter C. Siegmann, «Frank Wedekind als Werbetexter». Unveröffentlichte Manuskripte aus dem Archiv Julius Maggi. In: *Der kühne Heinrich* (Almanach), Zürich 1976.

Fridolin Schuler, *Erinnerungen eines Siebenzigjährigen*, Frauenfeld 1903.

H.-J. Teuteberg, *Kleine Geschichte der Fleischbrühe*, Stuttgart 1990.

Hans Peter Treichler, *Die stillen Revolutionen. Arbeitswelt und Häuslichkeit im Umbruch (1880–1900)*, Zürich 1992.

Briefe, Tagebücher und andere Dokumente im Maggi-Archiv, verwaltet von Nestlé S.A. in Vevey.

Antoine Le Coultre

François Jequier, *De la forge à la manufacture horlogère*, Lausanne 1983.

Zélie Le Coultre, *Les industries de la famille Le Coultre et particulièrement celles créés par mon cher mari*, Manuskript 1886.

Elie Le Coultre, *Notices sur la Maison de 1860 à 1885*, Manuskript 1885.

Elie Le Coultre, *Ma Vie*, Manuskript 1914.

Henri Nestlé

Jean Heer, *Nestlé. Hundertfünfundzwanzig Jahre*, Vevey 1991.

Albert Pfiffner, *Henri Nestlé. Vom Frankfurter Apothekergehilfen zum Schweizer Pionierunternehmer*, Dissertation, Zürich 1993.

Tageszeitungen und Zeitschriften.

Johann Jacob Leu

Alfred Cattani, *Johann Jakob Leu*, Zürich 1955.

Andreas Honegger u. a., *Im Wechsel der Perspektiven. 250 Jahre Bank Leu*, Festschrift, Zürich 2005.

Joseph Jung, *Geschichte der Bank Leu*. Zürich 2005.

Sigrid Pallmert, *Seide – Stoff für Zürcher Geschichte und Geschichten*, Zürich 1999.

Marianne Vogt, *Johann Jacob Leu 1689–1768. Ein Zürcher Magistrat und Polyhistor*, Zürich 1976.

Peter Ziegler, *Zürcher Sittenmandate*, Zürich 1978.

Fritz Hoffmann-La Roche

Hans Fehr, *3 mal 25 Jahre. Fragmente aus der Roche-Geschichte*, Basel 1971.

Hans Conrad Peyer, *Roche 1896–1996. Geschichte eines Unternehmens*, Basel 1996.

Gustav Adolf Wanner, *Fritz Hoffmann-La Roche 1868–1920*, Basel 1968.

Staatsarchiv Basel, Leichenreden und biographische Sammlungen.

Charles Brown & Walter Boveri

Walter Boveri, *Ein Weg im Wandel der Zeit*, München 1964.

Walter Boveri, Briefe, unveröffentlicht, Archiv ABB.

Margret Boveri, *Verzweigungen. Eine Autobiographie*, München 1977.

Charles Brown, *Tagebuch einer Reise um die Welt*, unveröffentlicht, Archiv ABB.

Werner Catrina, BBC – *Glanz. Krise. Fusion. 1891–1991 Von Brown Boveri zu* ABB, Zürich 1991.

Werner Catrina, ABB – *die verratene Vision*, Zürich 2003.

Norbert Lang, *Charles E.L. Brown (1863-1924), Walter Boveri (1865-1924), Gründer eines Weltunternehmens.* Verein für Wirtschaftshistorische Studien (Hg.), Meilen 2000.

Christian Müller, *Arbeiterbewegung und Unternehmerpolitik in der aufstrebenden Industriestadt. Baden nach der Gründung der Firma Brown Boveri 1891-1914*, Dissertation, Aarau 1974.

Peter Rinderknecht (Hg.), *75 Jahre Brown Boveri*, Festschrift, Baden 1966.

BBC-Hauszeitung 5/63, 1/65, 10/66, 9/74 und 10/74.

BBC-Mitteilungen Mai und Oktober 1924.

Walter Gerber

Hans Butenschön, *Die Herstellung von Schmelzkäse*, Hildesheim 1931

Kurt Egger, *Die modernen Schmelzkäseverfahren*, Bern 1955.

Werner Gallati, *Die schweizerische Schachtelkäseindustrie*, Bern 1943.

Alfred G. Roth, *Aus der Geschichte des Schweizer Käses. Neue Quellen und Forschungen zu seiner Geschichte bis 1914*, Selbstverlag, Burgdorf 1970.

Berend Strahlmann, «Die Erfindung des Schmelzkäses». In: *Mitteilungen aus dem Gebiet der Lebensmitteluntersuchung und -hygiene*, Bd. 59, Bern 1968.

Berend Strahlmann, «Walter Gerber». In: *Neue Deutsche Biographie 6*, München 1964.

Mündliche und schriftliche Auskünfte der Firma Gerber AG in Thun.

Oberländer Tagblatt, 9. und 10. August 1942.

Geschäftsarchiv Gerberkäse AG, Thun.

Emil Bührle

Markus Heiniger, *Dreizehn Gründe, warum die Schweiz im Zweiten Weltkrieg nicht erobert wurde*, Zürich 1989.

Daniel Heller, *Zwischen Unternehmertum, Politik und Überleben*, Frauenfeld 2002.

Fritz Hofer, *Meisterwerke der Sammlung Emil G. Bührle*, Zürich 1990.

Peter Hug, *Schweizer Rüstungsindustrie und Kriegsmaterialhandel zur Zeit des Nationalsozialismus*, Zürich 2002.

Charles Linsmayer, «Blutgeld vom ersten bis zum letzten Rappen ...». In: *Der Bund*, 13.9.1997.

Res Strehle, Dölf Duttweiler u. a., *Die Bührle-Saga*, Zürich 1981.